> »Du sollst die Berge nicht durch Rekordsucht entweihen, du sollst ihre Seele suchen!«
>
> 10. Bergste[illegible] des Südtirolers Luis Trenker

Liebe Leser,

spätestens als ich begann, mich umzusehen, was wohl ein Apartment am Rand von Meran kosten würde, wurde mir klar, dass mich dieses Ferienziel in anderer Weise berührt hatte als andere Destinationen zuvor. Aus Hamburger Sicht ist eine Immobilie in Südtirol jedoch zweifach unvernünftig: Erstens hat man als Berufstätiger kaum mehr als zwei, drei Mal im Jahr die Gelegenheit, nach Südtirol zu kommen. Zweitens würde man sich als Immobilienbesitzer der Chance berauben, die Vorzüge der örtlichen Hotellerie zu erkunden – und das wäre ein Verlust. So habe ich in den vielen Jahren, die ich nun schon nach Südtirol komme, erst ein einziges Mal wieder im selben Hotel logiert wie im Vorjahr. Das lag aber nicht daran, dass ich alle anderen nicht gern erneut besucht hätte – im Gegenteil –, sondern dass ich übers Jahr von Freunden und Bekannten auf neue aufregende Hotelprojekte oder erprobte Geheimtipps hingewiesen wurde. Einige davon verraten wir Ihnen in diesem MERIAN, wie das Hotel, von dessen Pool auf dem Dach man einen grandiosen 360-Grad-Blick in die Bergwelt genießt.

Wenn man erst einmal irgendwo so richtig häuslich geworden ist, neigt man dazu, das Haus weniger zu verlassen, um die Gegend zu erkunden. Auch das spricht gegen eine eigene Immobilie in Südtirol. So habe ich auch im vergangenen Sommer wieder wunderbare, für mich ganz neue Gasthöfe, Winzer, Hausbrennereien und Brauereien entdeckt.

Viel häufiger als vernünftig saß ich abends nach einer langen Wanderung im Buschenschank »Pfefferlechner« in Lana, bei Selbstgebrautem und guter Südtiroler Küche. Und wenn es langsam dunkel wurde, dachte ich, ob man nicht vielleicht doch eine kleine Wohnung …

Ach, ich werde demnächst vor Ort weiter darüber nachdenken.

Herzlich Ihr

Andreas Hallaschka
MERIAN-Chefredakteur

Ihr Begleiter für Südtirol: Diese MERIAN-Ausgabe gibt es auch als App für das iPad. **Mit zusätzlichen Videos, Bildern und Audio-Features.** Alle genannten Orte, Hotels, Restaurants und Sehenswürdigkeiten sind mit der präzisen Karte verlinkt. Erhältlich zum Preis von 8,99 € im App Store

INHALT SÜDTIROL

WIE IM FILM
Meran glänzt mit Kurtradition, Bergkulisse und junger Kultur, die frischen Wind bringt

AUS HARTEM HOLZ
Die Skulpturen von Walter Moroder erinnern manch einen an Alberto Giacomettis Figuren

Zwei Riesen in der Abendsonne: Der Langkofel (3179 m) und der Plattkofel (2969 m) sind ein Paar zum Verlieben

MERIAN kompass

SKIZZEN AUS SÜDTIROL

1957 1973 1987 1998 2008 2015

Die Titelbilder zeigen die große Vielfalt Südtirols – von Schloss Tirol über Bergbauernhöfe im Ultental und ein Kirchlein im Villnösstal bis zur Seiser Alm, einem See in den Sextner Dolomiten und dem Pragser Wildsee.

EIN BILD UND SEINE GESCHICHTE

Filmreif

Sonne, Wolken und Wind können es eben am besten, solche Licht- und Toneffekte kriegt kein Filmemacher hin: Wer im **Knottnkino** Platz nimmt, steht so schnell nicht wieder auf. »Knottn« ist im Südtiroler Dialekt der Fels, und an dem kann man sich auf dem Rotsteinkogel in 1465 Meter Höhe wahrlich nicht sattsehen. Das exklusive Freiluftkino hat nur 30 Plätze und ist ein Kunstwerk. Geschaffen hat es Franz Messner aus Ritten bei Bozen, indem er hoch über dem Meraner Becken, auf einem Felsvorsprung zwischen Vöran und Hafling, diese wetterfesten Klappsessel aus Stahl und Kastanienholz anbringen ließ. Das wechselnde Programm bestimmen Wetter, Tages- und Jahreszeiten, die Hauptdarsteller bleiben immer gleich und verändern sich doch enorm: das Etschtal, die Dolomiten, der Naturpark Texelgruppe, der Eingang ins Ultental und das Örtchen Lana. Viele Wege führen zur Vorstellung, der kürzeste ist eine gemütliche, etwa 40-minütige Wanderung vom Gasthof »Alpenrose« in Vöran.

FLAUSCHIGER BRILLENTRÄGER

Das Villnösser Brillenschaf ist wohl Südtirols älteste Schafrasse und eine Rarität. Wer das schmackhafte Fleisch kosten oder mehr über das Tier mit den charakteristischen schwarzen Augenringen erfahren möchte, kann jedes Jahr im Herbst zu den Lammwochen nach Villnöss fahren.

Freie Plätze sind ein Glücksfall im Knottnkino – selbst im Herbst, wenn das Licht so schön durch das Meraner Becken schwenkt

SKIZZEN AUS SÜDTIROL

WEINEMPFEHLUNG

Drei für alle Fälle

Die Auswahl guter Weine ist riesig in Südtirol, **Lisa Anderle** von der Vinothek »Enovit« (Bozen, Dr.-Streiter-Gasse 30) empfiehlt folgende drei:

Für den Sommer: Der Roséwein »La Rose de Manincor« hat einen leichten Mandelblütenton und ist herrlich erfrischend – perfekt für warme Tage. Kühl serviert passt er gut zu Rohschinken oder ganz schlicht zu Grissini.

Zum Verschenken: Der »Lagrein Riserva« von Franz Gojer ist ein sehr dunkler, extrem vollmundiger Wein, der zu Wild passt. Lange lagerfähig. Lagrein ist eine Rebsorte aus der Bozner Gegend.

Der Geheimtipp: Das Eisacktal ist Südtirols nördlichstes Weinbaugebiet. Vom Kuenhof kommt der weiße »Eisacktaler Sylvaner«, ein typisch rassiger Wein – mineralisch, elegant, würzig. Er ist ein aufregender Begleiter etwa zu Antipasti.

BLÜTENZAUBER

Almwiese zum Essen

Hübsches Beiwerk sind essbare Blüten oft, in der **Gostner Schwaige** auf der Seiser Alm stellen sie Knödel und Brombeerjoghurt manchmal sogar in den Schatten: leuchtend orangefarbene Blüten der Kapuzinerkresse (1) oder zartrosa Bechermalven (2), aber auch Wiesensalbei, Kornblumen und viele mehr. Der Koch Franz Mulser war schon als kleiner Junge auf Almwiesen unterwegs – und holt nun die Blumen optisch wie geschmacklich auf die Teller seiner Gäste.

1

2

MEINE LIEBLINGSPLÄTZE

von MERIAN-Redakteur Hansjörg Falz

Das Schöne ist, dass es hier überall schön ist – und an manchen Ecken noch schöner. So im **Pretzhof** (Foto). Die »Marende« (Brotzeit), der Blick ins Pfitschertal: himmlisch. Es spricht nichts dagegen, zum Abendessen hierzubleiben. **Bozen-Besuche** führen mich irgendwie immer in die Dr.-Streiter-Gasse zum **Cobo** (Aperol Spritz) und ins **Museion,** wo moderne Kunst auf moderne Architektur trifft.

Südtiroler Speck g.g.A. -
typisch genießen
Speck Alto Adige I.G.P. Südtiroler Speck G.G.A.
SÜDTIROL
Indicazione Geografica Protetta Geschützte Geographische Angabe
Südtirol schmeckt
Entdecke den einzigartigen und authentischen
Geschmack dieser Region und erlebe das
unverwechselbare Aroma des Südtiroler Speck g.g.A.
GESCHÜTZTE GEOGRAFISCHE ANGABE
www.speck.it

SKIZZEN AUS SÜDTIROL

LADINO-POP

Drei Feen auf Tour

Die Musik, mit der das Trio **Ganes** erfolgreich durch Deutschland, Österreich und die Schweiz tourt, lässt sich schwer einordnen. Nur eins ist sicher: Kaum einer versteht ihre Texte. Die Schwestern Marlene und Elisabeth Schuen und ihre Cousine Maria Moling singen auf Ladinisch, der Sprache ihrer Heimat im Gadertal. Ihr Name bedeutet »Märchenwesen«, der Titel ihres vierten Albums »Kapriole« (»Caprice«).

www.merian.de

Noch mehr Südtirol im Web

Auf www.merian.de finden Sie noch weitere interessante Themen und Fotos

> **Höhenflüge in den Bergen**
Nichts ist schöner, als selbst auf den Gipfeln der Dolomiten zu stehen. Wenn das gerade nicht geht – unsere Bergpanoramen kommen diesem Gefühl ziemlich nahe.

> **Streifzüge durch die Städte**
Schlendern, shoppen, Eis essen – Spaziergänge durch Bozen, Meran und Brixen.

ZAHLENSPIEL Rettung aus der Luft

Die **3** Hubschrauber der vom Verein Heli getragenen Flugrettung Südtirol heißen »Pelikan 1«, »Pelikan 2« und »Aiut Alpin Dolomites«. Sie flogen 2014 im Schnitt **8** Einsätze pro Tag. Dabei transportierten sie **2576** Menschen und waren zusammen **100 800** Minuten in der Luft.

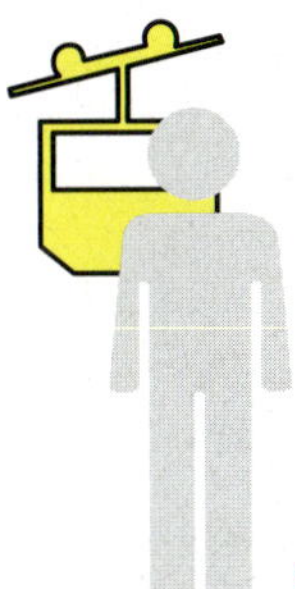

1972
Angestellte der Südtiroler Lifte und Seilbahnen

SÜDTIROLER BERUFUNGEN

Es gibt in der Provinz wesentlich mehr freiwillige Feuerwehren als Gemeinden – und entsprechend viele Feuerwehrleute. Die Mitarbeiter aller 375 Seilbahnen und Lifte könnten innerhalb einer Stunde alle gut 500 000 Südtiroler befördern. Der 2003 heiliggesprochene Josef Freinademetz war Missionar in China (mehr Grafiken in »Total alles über Südtirol«, s. S. 153).

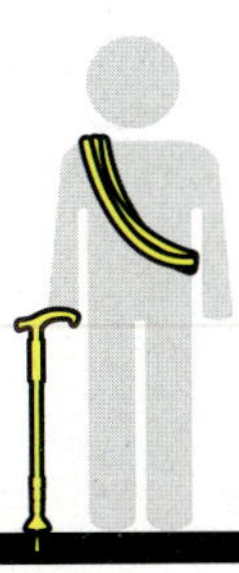

185
Bergführer

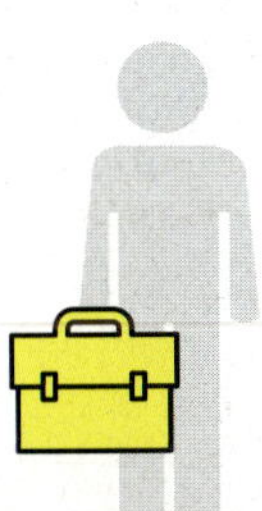

3482
Verwaltungsbeamte des Landes

Stand: 2009–13; die Zahl der heiliggesprochenen Südtiroler bezieht sich auf das 21. Jahrhundert

Stille Winkel in wildromantischer Umgebung – nur einer von vielen

Was wir an Sü

guten Gründen für eine Reise in die nördlichste Region Italiens

dtirol so lieben

FOTOS GREGOR LENGLER

Natur

Wenn alles passt, wenn das Licht durch ein paar lockere Wolken am sonst blauen Himmel bricht, auf den Bergen ein Schattenspiel veranstaltet und einen See im Vordergrund zum Leuchten bringt, dann ist man angekommen in Südtirol – etwa am tiefgrün leuchtenden **PRAGSER WILDSEE.** Der liegt auf 1494 Metern und schimmert manchmal auch blau oder schwarz. Felswände und Wälder säumen das Ufer, im Hintergrund ragt die Nordwand des Seekofel 2810 Meter auf. Die kleine Kapelle rechts steht neben dem großen Hotel »Pragser Wildsee«, bei dem man Ruderboote ausleihen kann – eine besonders schöne Art, die etwa 30 Hektar große Wasserfläche, ihre Strände, Stege und abgeschiedenen Winkel zu erkunden

Tradition

Die Haflingerstute Daisy und ihr Reiter Michael Tirler sind nicht nur ein erhabener Anblick hier auf dem Hochplateau der Seiser Alm – Ross und Reiter sind auch tief verwurzelt in der Geschichte Südtirols. Der Ort Hafling gab der Pferderasse ihren Namen, der Urahn der **HAFLINGER** wurde in dieser Gebirgsregion im 19. Jahrhundert gezüchtet. Einst waren sie als Arbeitstiere im Einsatz, heute sind sie meist Kutsch- oder Reitpferde. Tirler arbeitet als Viehhirte, man kennt ihn auf der Alm als »Saltner Much«. »Saltner« kommt vom lateinischen Wort für Weideplatz. Heute gibt es nur noch wenige Saltner, auf der Seiser Alm sind es mit ihm drei. So hat er diese vollkommene Weite, überragt vom Schlern und den Rosszähnen (Bildmitte), fast allein für sich und seine Daisy

Dolce Vita

Und dann sitzt man auf einmal mitten in Italien, stellt die Einkäufe aus der Laubengasse neben sich auf einen Klappstuhl und nippt am Aperol oder Cappuccino: **BOZEN** ist mit mehr als 100 000 Einwohnern die größte und die italienischste Stadt Südtirols, das spürt man an Orten wie der Café-Lounge »Exil« am Kornplatz. Und auch in den Lauben und auf den Plätzen anderer Städte wie Meran oder Brixen erlebt man diese völlig entspannte Art von Genuss. Das Leben ist nicht immer leicht, aber hier fühlt es sich doch ziemlich oft so an

promod
promod

Landleben

Vieles wird hier von Hand gemacht – teils weil es in Hanglagen gar nicht anders geht, teils weil es immer schon so war und sich bewährt hat. Frisches Heu wie dieses auf der **SEISER ALM** im Schatten von Plattkofel und Langkofel gewachsene und vom 16-jährigen Fabian aus Kastelruth zusammengerechte kommt in Südtirol nicht nur in den Futtertrog, sondern auch in Betten und Wellnessbereiche, auf Teller und Käselaibe. So riecht und schmeckt man die Bergwiese manchmal auch da, wo man sie gar nicht erwartet

Geschmack

Es kann so schön einfach sein: Eine Masse aus Brot, Eiern, Milch, Zwiebeln, etwas Mehl und Käse wird in heißem Wasser zum Knödel gegart. Über den fertigen **KASKNÖDEL** gibt man etwas zerlassene Butter und ein paar Kräuter. Man kann dieses schlichte Glücksrezept endlos variieren: In den Knödel passen auch Speck, Spinat oder Rote Bete. Und wenn es nicht jeden Tag Knödel sein soll – Südtirols Küche ist reich an Spezialitäten: Schlutzkrapfen, Polenta, Gerstensuppe oder die »Marende«, eine Brotzeit aus Speck, Käse und Schüttelbrot

Eleganz

Ein Panorama, vor dem sich der Mensch klein und unbedeutend fühlt. Das bieten nicht nur Südtirols Berge. Auch der Innenraum des **BRIXNER DOMS** ist von überwältigender Schönheit und mit 63 mal 22 Metern etwa so groß wie ein Eishockeyfeld. Weißer und schwarzer Marmor schmückt die einschiffige Barockkirche, die ihr heutiges Aussehen seit 1758 hat – und natürlich reichlich Gold. Die Deckenfresken stammen von Paul Troger, einem Barockmaler aus dem Pustertal. Der Dom ist von enormer historischer Bedeutung, steht er doch für die Zeit bis zum 18. Jahrhundert, als die Bischöfe von Brixen auch die weltliche Macht innehatten

Rituale

Es riecht ein wenig süßlich, wenn Johann Thaler vom Zmailerhof in Schenna in seiner gusseisernen Pfanne die reifen »Keschtn«, Esskastanien, röstet. Dann ist für viele die schönste Zeit des Jahres angebrochen, der Herbst, mit allem, was dazugehört: sich mit aller Zeit der Welt durch die Weinhänge und Kastanienhaine treiben lassen und dann zum **TÖRGGELEN** treffen – ein Wort, so gemütlich wie das, was es bedeutet: frisch gegorenen Most schlürfen und dazu Speck, Kaminwurzen oder eben Keschtn genießen

Leichtigkeit

Einfach laufen lassen, die Berge vor sich, den Wind im Gesicht. Sicher, Radfahren in Südtirol kann eine Herausforderung sein, aber viele der gut **600 KILOMETER RADWEGE** führen durch sanft geschwungenes Gelände und verlangen selbst auf der Seiser Alm nur durchschnittliche Kondition. Schön für entspannte Touren sind auch das Meraner Land und der Vinschgau, besonders beliebt ist der Radweg entlang der Etsch – immer sanft bergab

Wein

Da stehen sie in Reih und Glied und harren in der Spätsommersonne der Lese: tonnenweise Trauben, Nachschub für den Weinkeller im Kloster Neustift, mitten in seinen Weinhängen im Eisacktal gelegen. Wer die größte Klosteranlage Tirols besucht, kann in der Stiftskellerei einkehren und den Wein dort verkosten. Die Auswahl ist groß – so wie überall in der Provinz, wo jedes Jahr insgesamt um die 350 000 Hektoliter **ROTER, WEISSER UND ROSÉ** gekeltert werden

Luxus

Das Wasser ist 34 Grad warm, es sprudelt angenehm um den Körper, der gerade keinerlei Anstrengung unternehmen muss. Im Gegenteil, hier oben auf dem Dach des Hotels »Hohenwart« in Schenna zu liegen, ist die **PERFEKTE ENTSPANNUNG.** Der Ausblick kann auf kaum einer Bergwanderung schöner sein, reicht über Meran bis weit in den Vinschgau hinein. Gegenüber ragt die Texelgruppe auf, die Mutspitze in ihrer Mitte. Man kann sich zurücklehnen und den Wolken zusehen, untertauchen oder einfach die Augen schließen. Und wenn die Wolken doch Ernst machen und Regen schicken, geht das Verwöhnprogramm weiter – drinnen im Warmen vor Panoramafenstern

Avantgarde

Die Balustraden aus voroxidiertem Kupfer reflektieren das Blau des Abendhimmels, dazwischen bricht Licht wie aus Berghöhlen und taucht das Lärchenholz in Gold: Das Haus Dolomitenblick am Rande des Örtchens Sexten steht da wie aus dem Hang gewachsen. Der Entwurf des Architekturbüros Plasma Studio für den Bau mit sechs geräumigen Wohnungen orientiert sich bei Materialien und Farben an den umliegenden Häusern und Höfen – und macht doch alles anders. Es ist dieser **MUT ZU NEUEN IDEEN,** der dem ländlichen Südtirol zu vielen Architektur-Perlen verhilft – gelungene Überraschungen selbst in den kleinsten Dörfern

Foto: Herta Hurnaus

Ruhe

Hier gibt es diese Momente, die man festhalten möchte, die einfach stehen bleiben, wenn nichts um einen herum ist als Gipfel und ein wenig Sonnenlicht – wie auf dieser Hütte im vom Tourismus noch recht unberührten **ULTENTAL.** Den Kopf an die Holzwand lehnen, die die Wärme gespeichert hat, die Füße ausstrecken und den Augenblick ausdehnen, bis die Sonne nicht mehr da ist

Gastfreundschaft

Die Ski-Legende Gustav Thöni spielt nicht nur mit den eigenen Enkeln, sondern auch mit den Kindern der Gäste seines Hotels »Bella Vista« in seinem Heimatort Trafoi. Der Olympiasieger ist in diesem Haus aufgewachsen und hat dort gemeinsam mit seiner Familie einen Ort geschaffen, an dem Urlauber **SICH WIE ZU HAUSE FÜHLEN.** Der Senior gibt nicht nur gute Ausflugstipps, wenn es auf die Skipiste geht, kommt er gern auch mit

Berge

Wenn am späten Nachmittag die Sonne immer tiefer sinkt, sollte man irgendwo sitzen, vielleicht mit einem Glas in der Hand, auf jeden Fall aber die hellen Kalkfelsen der Dolomiten im Blick – am besten die des **ROSENGARTENS** wie hier von St. Zyprian aus. Das Massiv strahlt dann in Orange und Rot und Violett. Ein Leuchten, das man nicht so schnell vergisst

Weite

Innehalten, mit den Augen durch das Tal fliegen, am Gebirgsstock Sella (links) vorbei, immer der Passstraße an seinem Fuße folgen, die über das Grödnerjoch führt, und dann weiter bis zum Langkofel, der in der Mitte im Dunst aufragt: Hier oben, auf dem Weg zur Puez-Hütte im **NATURPARK PUEZ-GEISLER,** liegt einem ein sehr schöner Ausschnitt Südtirols zu Füßen. Ein erhabenes Gefühl. Und das Beste ist: Man kann dieses Gefühl zig- und hundertmal wieder haben, die Ausblicke gehen einem nicht aus in Südtirol

Blüten

Alles, was die Natur zu bieten hat, sammelt sich hier im botanischen Garten von **SCHLOSS TRAUTTMANSDORFF**. Der zwölf Hektar große Park liegt oberhalb von Meran am Hang, wer hindurchspaziert, überwindet dabei 100 Höhenmeter und streift durch Vegetationen verschiedener Klimazonen. Palmen, Obstgärten, Weinreben – all das gehört zu Südtirol. Und wenn der Oleander in leuchtendem Rosa blüht, lässt sich der Sommer kaum irgendwo schöner genießen als im »Palmencafé« am Seerosenteich

Farben

Ein leuchtend roter Quader auf 1960 Metern, ein Ausrufezeichen mitten in den Alpen, im Winter hell erleuchtet: So sieht seit 2010 die Bergstation der Kabinenseilbahn von Meran hinauf ins Wander- und Skigebiet Meran 2000 aus. Den roten Bau hat der Bozner Architekt Roland Baldi in die Landschaft gesetzt. Bis zu 840 Menschen kommen dort pro Stunde an. Der Klotz hat eine Botschaft: Die Landschaft hier oben am Berg hat Besseres verdient als Zweckbauten. **GUTER STIL** mit Signalwirkung

Atmosphäre

Wenn sich der Abend über Bozen legt und noch ein Restleuchten am Himmel zu sehen ist, wenn die Stadt leiser wird, kehrt auch auf dem **WALTHERPLATZ,** der offiziell Walther-von-der-Vogelweide-Platz heißt, ein wenig Ruhe ein. Der 65 Meter hohe Turm des gotischen Doms an der Südseite des Platzes wirkt dann mit seinen filigranen Strukturen beinahe zerbrechlich. Und die beiden Grüntöne, das Gelb, Dunkelbraun und Weiß der Biberschwanzziegel auf dem Dach der Kirche kommen besonders gut zur Geltung. Ein guter Moment für einen Aperitif in einem der vielen Cafés rund um den Platz – mit Blick auf den Dom

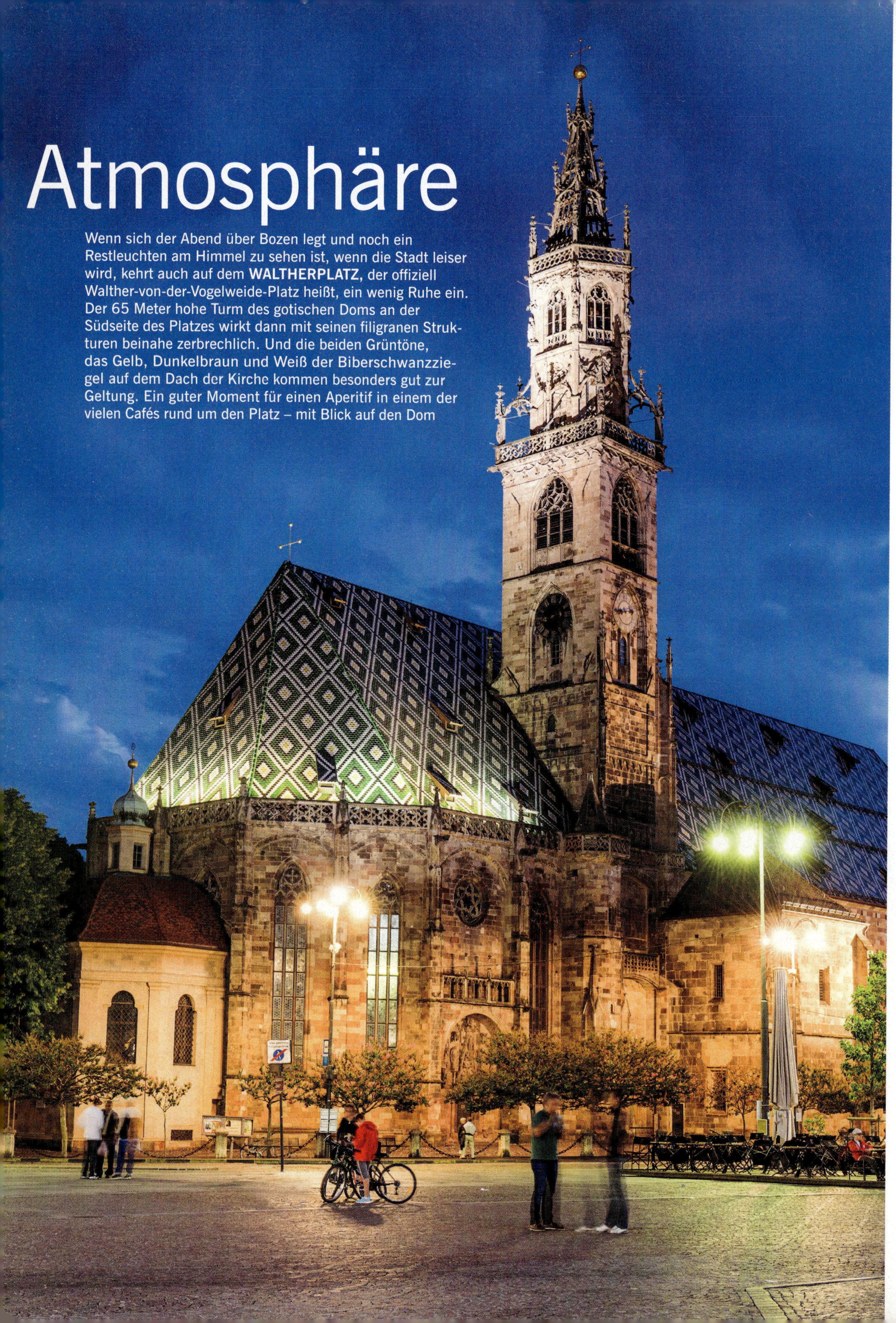

Kultur

Dieser Hügel etwas nordwestlich von Meran ist seit Urzeiten besiedelt, jahrhundertelang wurden auf ihm die Geschicke der Gegend gelenkt, von dieser Burg hat Tirol seinen Namen: **SCHLOSS TIROL.** Bis ins 15. Jahrhundert herrschten von hier aus die Grafen von Tirol. Die Ringmauer, um 1100 errichtet, ist eine der ältesten erhaltenen Burgmauern überhaupt. Schon die Festung und ihre Lage sind zwei gute Gründe hinzufahren. Ein dritter: Die historischen Mauern beherbergen das Südtiroler Landesmuseum für Kultur- und Landesgeschichte. Einen besseren Ort hätte man sich für die spannende Ausstellung nicht aussuchen können

Das Pustertal im Osten ist die Heimat der Leutseligen und Tüchtigen. Im Vinschgau im Westen leben die Künstler und Kreativen. Es gibt tausend Beispiele, die solche Vorurteile widerlegen, und dennoch: Die Geografie der Mentalitäten prägt die Südtiroler – auch MERIAN-Autorin Barbara Baumgartner aus Bruneck im Pustertal

Wir sind mehr als ein Volk

Der Bergsteiger Luis Trenker, ein Grödner aus St. Ulrich, hat behauptet, einen Pusterer könne er leicht unter hundert Menschen erkennen. Dem hätte mein Onkel Franz wahrscheinlich zugestimmt. Er war aus dem Etschtal zu uns, ins Pustertal, gezogen und zeigte sich so glücklich über diese Fügung, sang auf uns Talbewohner derartige Lobeshymnen, dass wir uns wahrlich einzigartig fühlten. In unseren Augen war er wiederum der typische »Landler«, so werden die Leute des Etschtals bei uns genannt: großzügig und kontaktfreudig, in seinem Element, wenn er für eine große Tischrunde unablässig Speck aufschnitt oder seinen berühmten selbstgebrannten Schnaps nachschenkte. Lange bevor ich wusste, wo das Dorf meines Onkels auf der Landkarte zu finden war, hatte ich eine klare Vorstellung davon, was für ein Menschenschlag dort lebt. So geht es vielen in Südtirol: Die Geografie der Mentalitäten prägt sich vor der tatsächlichen ein.

»Südtirol hat zwanzig Völker«, das habe ich oft gehört. Und zumindest, was die Talschaften und Dörfer in der näheren Umgebung anging, beriefen wir uns schon als Kinder mit einer Sicherheit auf ihre Eigenarten, als handle es sich um Naturgesetze. Der Mitschüler aus Prettau im hintersten Ahrntal bekam nur die besten Noten? Nichts anderes hatten wir erwartet, wussten wir doch alle, dass die Prettauer blitzgescheit sind. So wie jeder wusste, dass die Leute aus Olang, keine zwölf Kilometer das Pustertal hinauf, gern ein bisschen großtun. Oder die Ladiner aus dem Gadertal: bekannt für ihr musikalisches Gehör, jedoch keinerlei Gespür in der Kombination von Mustern und Farben! Wie ein »Krautwalischer« (eine wenig nette Bezeichnung für die Ladiner) angezogen zu sein, galt es bei uns in Bruneck unbedingt zu vermeiden.

Es gab also eine Vielzahl feiner Unterschiede, aber die beiden großen Gegenpole in dieser Landeskunde, das waren immer das Pustertal und der Vinschgau, Ost und West. Das ist in Südtirol in etwa so wie Nord und Süd in Deutschland – nicht nur geografisch die größtmögliche Entfernung. »Mit den Vinschgern haben wir Pusterer eigentlich gar nichts gemein«, machte mir ein Verwandter einmal klar.

Der erste Vinschger, den ich schließlich kennenlernte, war unser Lateinlehrer am Gymnasium. Er war der Liebe wegen nach Bruneck gekommen. Über sein Heimattal sprach er nur schwärmend: Die Weite! Das Licht! Bei uns im Pustertal, wo es die meiste Zeit im Jahr kalt ist, findet niemand das Licht besonderer Erwähnung wert. Wegen des Lichts und der Weite sei der Vinschgau eine Landschaft der Künstler, erklärte uns der Lehrer: »Karl Plattner, Paul Flora – um nur zwei der wichtigsten zu nennen.«

Von Plattner hatte ich Bilder gesehen: ausdrucksstarke, kantige Köpfe in bleichen, jedoch warmen Farben. Die Zeichnungen von Paul Flora sind fein schraffiert und voller Hintersinn. Die Kunst, die Begeisterung des Lehrers, den wir mochten, dazu der Umstand, dass ich über Meran noch nie hinausgekommen war, machten den Vinschgau in meinen Augen zu einem faszinierenden, ein wenig rätselhaften

Spüre die Energie im Toten Meer
Komm einmal dahin, wo alles begann
www.goisrael.de
Das Tote Meer – eine einzigartige Wellness-Oase für Körper, Geist und Seele. Wasser und Schlamm, mit einer Vielzahl von Mineralien angereichert, gefilterte Sonnenstrahlen und die reine Luft am tiefsten Punkt der Erde sind die Quelle für diese einmalige Klimatherapie. Lass Dich verwöhnen in diesem wunderbaren, natürlichen Freiluft-Spa!
Besuch Totes Meer
Direktflüge nach Israel bietet u.a. an:
airberlin.com
Your Airline.
israel
Land of Creation

Ort. Der Lateinlehrer organisierte eine Klassenfahrt. Wir besichtigten die romanischen Kirchen, schauten von der kahlen Kuppe des Tartscher Bühels über den grünen Teppich im Talkessel, spazierten durch dicht zusammengedrängte Dörfer. Alles schien ein wenig altertümlicher als bei uns und in gewisser Weise fremdartig, wenn wir auch nicht genau benennen konnten, worin der Unterschied bestand.

Der Unterschied zwischen dem Westen und dem Osten Südtirols ist nicht nur gefühlt beträchtlich, das beweist ein Blick in die Geschichte. Man muss nur weit genug zurückgehen, bis in die Stürme der Völkerwanderungszeit. Gegen Ende des 6. Jahrhunderts besiedelten die Bajuwaren das Pustertal, der Vinschgau aber blieb rätoromanisch. Bis dem Tal aus kirchenpolitischen Gründen im 16. Jahrhundert das Deutsche aufgezwungen wurde, war im Vinschgau »Romauntsch« die allgemeine Umgangssprache. Im äußersten Westen sprach man sogar noch um 1750 rätoromanisch.

An der Wurzel sind die Vinschger also Romanen, wir Pusterer dagegen sind Baiern. Wir sind sogar die reinrassigsten Baiern überhaupt, fand der damalige bayerische Ministerpräsident Alfons Goppel, der oft im Pustertal weilte. Was ihn zu dieser Einschätzung bewogen haben könnte: ein tüchtiger Erwerbssinn und eine an Sturheit grenzende Beharrlichkeit. Der Pusterer »Grind«, der harte Schädel, ist im Rest des Landes so berüchtigt wie die Wirtschaftskraft des Tales anerkannt.

Von ganz anderem Schlag sind die Vinschger. Kleiner gebaut und dunkler, galten sie seit jeher als wendig, erfinderisch, redebegabt, mit einem anarchischen Wesenszug. Sie »waren die Italiener Südtirols, bevor Südtirol wirklich Italiener hatte«, erklärt der Autor, Journalist und Politiker Florian Kronbichler, ein Pusterer, der wie kaum ein anderer mit dem ganzen Land vertraut ist. Von Kronbichler kann man viele Details der Vorurteilskunde erfahren: dass die Traminer im Unterland ausgesprochen friedlich, die benachbarten Kurtatscher dagegen streitsüchtig sind, dass man nirgends besorgter auf das Urteil »der Leute« schielt als in der Bischofsstadt Brixen und dass den Grödnern, die als Wanderhändler weit in der Welt herumkamen, der Ruf vaterlandsloser Gesellen anhängt.

Was den »italienischen« Vinschgau betrifft, so denke man nicht an mediterrane Heiterkeit. Vielmehr wird der Vinschger als eher ernst, verschlossen und misstrauisch charakterisiert, wie in der Anekdote vom Müller in Glurns: Der geht mit seinem Esel durch den Ort, als er den leutseligen, zugezogenen Pfarrer trifft. »Wohin, ihr zwei?«, fragt der. Darauf der Müller: »Am dritten vorbei.« Wundert es da, dass dieser Menschenschlag den übrigen Südtirolern nicht ganz geheuer war?

Hinter diesem überzeichneten Typus des sich bedeckt haltenden, scharfsinnigen, kreativen Vinschgers taucht immer ein Schatten auf: Armut. Der Vinschgau ist eines der trockensten Täler im Alpenraum, verglichen mit dem fruchtbaren Pustertal ist der Boden karg. Leicht hatten es die Menschen in dieser Gegend nie, und »Not macht erfinderisch, das ist immer so gewesen«, sagt der Südtiroler Volkskundler Hans Grießmair: »Wenn die Leute sich durchsetzen, sich wehren müssen – das schärft den Intellekt.« Zur Verarmung trug auch das Erbrecht bei. Anders als im bajuwarisch geprägten Pustertal, wo man früh dazu überging, Haus und Hof zusammen dem Ältesten zu übergeben, wurde im Vinschgau nach rätoromanischer Sitte der Besitz unter den Erben aufgeteilt. Die Parzellen wurden kleiner und kleiner, durch Stuben und Küchen verliefen Trennlinien, und irgendwann fehlte die Grundlage, auf der man hätte vernünftig wirtschaften können.

Der Dickschädel der Pusterer ist so legendär wie der Scharfsinn der Vinschger

Im Vinschgau gab es deshalb die »Karrner«, herumziehende Händlerfamilien, sowie jede Menge Wilderer und Schmuggler. Und es gab Emigration: Noch Anfang des 20. Jahrhunderts zogen aus den Vinschgauer Dörfern im Frühling »Schwabenkinder« über die Grenze, um sich als Hütebuben oder Mägde im Schwabenland zu verdingen. Wilderer und Armut gab es auch im Pustertal, jedoch keine Not im Vinschgauer Ausmaß; auch deshalb, so heißt es, habe sich bei uns im Osten ein leutseliges, offenes Gemüt herausgeformt.

Ein Inbegriff des ehemals armen, kreativen Vinschgaus ist die Architektur. Als der Rest von Südtirol in den sechziger und siebziger Jahren schnell reicher wurde und im blinden Eifer Altes niederriss und oft schreckliches Neues baute, pseudoalpine Hotelklötze zum Beispiel, da konnte der abgelegene, vernachlässigte Vinschgau sich solche Verwüstungen nicht leisten. Und als dann mit beträchtlicher Verzögerung auch hier der Wohlstand ankam, da hatte man die Fehler der anderen vor Augen und erhielt den wertvollen alten Baubestand. Mit einem Mal verkörperten die Vinschgauer »Hungerleider« das Ursprüngliche, Reine. Wie zur Krönung brachte der Vinschgau dann hervorragende Architekten hervor: Werner Tscholl, Walter Dietl und Arnold Gapp waren die Ersten, die in Südtirol moderne Architektur in die Dörfer brachten, den Ruf des »kreativen« Tals untermauernd. Auch die Kette der Künstler ist nie abgerissen.

Als ich zuletzt im Vinschgau war, traf ich in der St.-Prokulus-Kirche in Naturns einen Vinschger, der wie mein Lehrer von damals mit einer Pusterin verheiratet war. Er scherzte über seine Ehe, die zwei Welten vereint, dann wurde er ernster und erzählte, dass er oft im Dorf seiner Frau auf Besuch war. Der Kontrast sei beträchtlich. Die Bauern im Vinschgau – »da ist jeder ein Philosoph«, sagte er lächelnd; die Pusterer dagegen, »die räumen am Samstag um das Haus herum auf«. ■

Erleben Sie die Vielfalt der Schweiz auf einer Route. Obstgärten und Rebberge, Gletscher und Viertausender im Wallis. Jetzt kostenlos* bei unseren Experten telefonisch buchen: 00800 100 200 30. **MySwitzerland.com/grandtour**

*Lokale Gebühren können anfallen.

SIND WIR HIER IN SÜDTIROL
ODER IN

Wallis
INS HERZ GEMEISSELT.

M e

Die Mischung macht's

Italienische Leichtigkeit zieht durch Kulissen aus Sisis Zeiten, modernes Design passt zu altem Stuck, aus einer Pension wird ein »Suite & Breakfast«, und ein Bankbeamter bringt frischen Wind in die Kultur: Südtirols zweitgrößte Stadt lebt auf

TEXT **BARBARA BAUMGARTNER** FOTOS **GREGOR LENGLER**

Li-La-Lounge-Atmosphäre: Ein Stararchitekt aus Florenz entwarf das Interieur der Cocktailbar »Sketch« im Hotel »Aurora«. Die alte Kurstadt setzt an allen Ecken moderne Akzente

r a n

Epochen-Puzzle: Von der Zenoburg hat man die spätgotische Pfarrkirche St. Nikolaus im Blick – und links davon den Eingang zur Laubengasse, seit dem 13. Jahrhundert eine Lebensader Merans. Links im Bild fließt eine weitere: die Passer, an deren Ufer man die Kurhauskuppel erkennt

1

2

1 Für alle Tage: Taschen von »olleTog« aus Lkw-Planen
2 Über den Dächern von Meran: Galerist Erwin Seppi auf einem zum Sessel umfunktionierten Ölfass des Designers Harry Thaler 3 Frühlingsgefühle an der Passerpromenade
4 Farbe zeigen: Petra Holzknecht hat ihr Atelier in Steinach

3

4

Kaiserzeit-Pracht: Das Kurhaus war und ist eines der Wahrzeichen der Stadt. Es wurde 1874 eröffnet und bis 1914 erweitert. Heute finden dort Bälle, die Meraner Musikwochen und ein Weinfestival statt

Majestätisch
aber mit Mut zu neuen Ideen

Die Blütenpracht an der Winterpromenade stellt die Gemälde in der Wandelhalle in den Schatten (oben) 1 Ideal für eine Sonnen-Pause an der Promenade: das Café »Darling« 2 Über dem Wasser: Plattform an der Passer mit Blick auf die berühmte Therme

1

2

In die »ES gallery« stolpert man nicht zufällig, sie liegt im zweiten Stock eines wunderschönen Laubenhauses an der Laubengasse. Das Schild mit ihrem Schriftzug konkurriert mit einer riesigen Speckseite, die im Schaufenster der Metzgerei im Erdgeschoss hängt – 28 Kilo, nur als Ganzes zu erwerben, ein halbes Schwein mit einer Rippenzeichnung wie bei einer prähistorischen Höhlenmalerei. Die Galerie hat drei kleine Räume, in denen gerade Objekte und Polaroids des in Wien ansässigen Künstlerpaars Krüger & Pardeller zu sehen sind. Eine Etage höher liegt die Wohnung von Galerist Erwin Seppi, sie ist in Beschlag genommen von den Projekten ihres Hausherrn, Seppi hat gerade noch etwa neun Quadratmeter für sich selbst. Aber was für eine Aussicht!

Die Kuppel des Kurhauses auf Augenhöhe, dahinter Berge. Und dreht man sich auf dem Balkon um, ragt da der Turm der Pfarrkirche St. Nikolaus auf. Ein paar *barrels* stehen herum, Sessel aus Ölfässern des Meraner Designers Harry Thaler, der jetzt in London lebt. Erwin Seppi war einer seiner ersten Förderer. Es dunkelt schon, die Bergspitze hinter dem Kirchturm ist ein schwarzer Zacken auf nachtblauem Grund.

»Wir haben hier alles«, sagt Seppi, ein Satz, den man oft hört in Meran. »Berge mit Schnee und darunter Palmen, südliche Leichtigkeit und die Bodenständigkeit der Alpen. Das ist eine vielfältige, lebendige Stadt – vor allem gemessen daran, dass sie nur 39 000 Einwohner hat. Ob eine deutsche Stadt dieser Größe so vielfältig ist?« Er lächelt, ein Mann mittleren Alters, der hellwach wirkt und zugleich gemütlich, gelassen. Im Brotberuf ist Seppi Bankbeamter. Daneben sitzt er drei Kulturvereinen vor, darunter dem »Königlichen Hoftheater«. 2008 eröffnete er seine Galerie. Mit seiner Leidenschaft für zeitgenössische Kunst trägt er beträchtlich dazu bei, dass Meran kulturell gerade zu neuem Leben erwacht.

Der Texelgruppe in ihrem Rücken verdankt die Stadt ihr mildes Klima. Auf dem berühmten Tappeinerweg, einer Promenade mit allersanftester Steigung, spaziert man ganz entspannt wie am Mittelmeer zwischen Feigenkakteen und Winterjasmin, Pinien und Oleander. 1855 wurde Meran offiziell Kurort, den touristischen Durchbruch aber brachte Sisi. Die rastlose Kaiserin, am Wiener Hof in Atemnot, nahm 1870 die schwächliche Konstitution ihrer kleinen Tochter zum Anlass, um in Meran zu überwintern. Sie war nicht großzügig mit gesellschaftlichen Auftritten, doch der pure Umstand, dass sie Meran etablierteren Kurorten vorzog, war beste PR für die Stadt.

Auch die neue Brennerbahn trug bei zu dem Boom, den Meran zwischen 1880 und dem Ersten Weltkrieg erlebte. In jenen Jahren erhielt die Stadt das Gesicht, das sich in wesentlichen Zügen bis heute kaum verändert hat: Kurhaus und Stadttheater, Villen, Parkanlagen, Promenaden. Dieser Hauch von Grandeur in einer kleinen Stadt, die ganze pastellfarbene, im schrägen Herbstlicht strahlende Jugendstilpracht.

Licht in den Lauben: Die Leonardo-da-Vinci-Straße ist eine der schönsten Flaniermeilen, selbst nach Ladenschluss

Abends in der Dämmerung spazieren Meraner und Besucher an der Passer entlang, die Flusspromenade ist Bühne, Wohnzimmer, Spielplatz. Auf den Bänken der holzgetäfelten Wandelhalle, in deren Schutz einst Lungenkranke die Wintersonne genossen, schlecken ermattete Wanderer Eis, mountainbikende Familien rollen vorbei, Kinder spielen hinter Sisis Rücken, die marmorn in einer kleinen Grünanlage auf der anderen Seites des Flusses sitzt. Ein Stück flussabwärts steht ein Kasten aus Glas, riesig und doch irgendwie leicht, als würde er schweben. Südtirols Stararchitekt Matteo Thun war ein maßgeblicher Gestalter der Therme, Merans Erholungstempel. So hat die Stadt ihre Kurtradition mit in die Gegenwart genommen. Seit Kurzem führen vom Platz vor der Therme breite Stufen hinunter zur Passer, jetzt hat Meran auch so etwas wie einen Strand, auf dem man sich direkt am Wasser ausstrecken kann.

Ohne Eile
aber mit Gespür für den Zeitgeist

Jung-Hotelier: Martin Kirchlechner auf einem Balkon des »Ottmanngut«, wo schon seine Urahnen Zimmer vermieteten

»Meran ist die einzige Stadt Südtirols, in der das Verhältnis von Deutschen zu Italienern 50 zu 50 ist – das spürt man«, sagt der Hotelier Martin Kirchlechner. Er ist jung, 26, und schwärmt davon, dass zur lokalen Kultur »das Traubenfest ebenso gehört wie alles, was vom Süden herauf kam«. Seit 2012 führt der studierte Landschaftsarchitekt das »Ottmanngut«, das vorher jahrzehntelang eine Pension in den erfahrenen Händen seiner Großmutter war. Dann wurde die Großmutter zu alt, die Pension hatte eine Generalüberholung nötig, und der Enkel übernahm.

Das Haus ist eines der ältesten Merans, schon 1290 wurde es als Bauernhof erwähnt, als Pensionsbetrieb verbürgt ist es seit Mitte des 19. Jahrhunderts. Um etwa diese Zeit kaufte es Martin Kirchlechners Ur-Ur-Urgroßvater – er hatte ein Geschäft unter den Lauben und verbrachte im »Ottmanngut« die Sommerfrische. Es blieb Pension und Restaurant, und in den zwanziger Jahren fanden dort beliebte Tanzabende statt. Heute ist das behutsam renovierte Haus ein charaktervolles »Suite & Breakfast« mit Orangerie und eigenem Weinberg – ein kleines Landgut, aber längst von der Stadt umschlossen.

Als Sisi 1889 noch einmal mit ihrer Tochter nach Meran kam, erkannte sie das Städtchen kaum wieder. Ihr letzter Besuch war 17 Jahre her, seitdem hatte sich die Einwohnerzahl etwa verdoppelt, im Schlepptau nobler Gäste ließen sich Fotografen, Ärzte, Kaufleute nieder. Ein Kosmopolitismus zog ein, von dem heute noch die Synagoge und die russisch-orthodoxe Kirche zeugen.

Seit Sisis Zeit ist weniger an den Fassaden passiert als dahinter. Das Palais Esplanade, ein hellgelber Prachtkasten am Sandplatz, hieß einst »Hotel Erzherzog Johann« und war das erste große, moderne Haus für Reisende der Ober- und Mittelschicht. Im ersten Stock richtet der Modemacher Dimitri gerade seine Verkaufsräume ein. »Der Stuck soll noch aus Sisis Zeiten stammen«, sagt er und zeigt zur Decke.

Dimitri, der mit vollem Namen Dimitrios Panagiotopoulos heißt, hat hier bereits sein Atelier, an einer Puppe hängt ein Kleid mit drapiertem Oberteil. Die schmeichelnde Körperbetonung, für die Modejournalisten ihn loben, ist sein Kennzeichen – ein Einfluss Griechenlands, der Heimat seines Vaters. An Südtirol, wo seine Mutter herkommt und wo Dimitri aufwuchs, schätzt er die Qualität des Handwerks. Musterkollektion und Abendkleider produziert er mit drei Mitarbeiterinnen hier in Meran.

Panagiotopoulos ist ein schmaler Mann, sprühend und voller Selbstironie: »Ich glaube, meiner Mutter war es früher peinlich, wenn ich mit der *Vogue* in der Hand durchs Dorf ging«, sagt er. Damals lebte er in Naturns, wo seine Mutter ein Hotel betreibt. Dort konnte er sich nützlich machen, während er nach Orientierung suchte. »Ich habe jede Schule in Meran ausprobiert!« Schließlich ging er auf Modeschu-

Es kommt beneidenswert selten vor, aber auf einmal regnet es in Strömen und ohne Unterlass. Vor den Bergen hängen Wolken, Flaneure suchen unter den niedrigen mittelalterlichen Lauben Zuflucht und decken sich mit Schüttelbrot und handgemachter Pasta ein, probieren italienische Schuhe oder Sarntaler Pantoffeln.

Auch das meint der vielgesagte Satz »Wir haben hier alles«: die Vielfalt der Geschmäcker und Gewohnheiten. Auch wenn Deutsche und Italiener in der Stadt eher nebeneinander herleben – die Lebensweisen bilden doch ein buntes Mosaik. Man kann ein Spiel daraus machen, seine Teile zu sammeln: das Dirndl der Kellnerin und die achtlose Nonchalance, mit der Anzugsträger die Straßen queren; k. u. k. Kulissen, dazu ein Café an jeder Ecke, in dem eine Klangwolke aus verschiedenen Dialektfärbungen und Italienisch hängt. Und immer wieder das, was man isst und trinkt, da kann man ewig sammeln, für einen Ausschnitt reicht das Schaufenster des Feinkostgeschäfts Siebenförcher: Speck und Coppa, Kaminwurzen, Salami, Prosciutto. Vegetariern sei der Strudel im »Café König« ans Herz gelegt.

Mediterran
und alpin – hier passt das zusammen

Schenna

Alpin-mediterranes Lebensgefühl

Schenna steht für Natur, Kultur und Gastronomie. Mal mediterran, mal alpin. Wie von einer Terrasse blickt man auf die 300 Meter tiefer gelegene Kurstadt Meran und das Etschtal nach Süden.

Es ist die exklusive Mischung aus Südtiroler Charme, gelebter Tradition und mediterranem Lebensgefühl, welche den besonderen Reiz von Schenna und seinen Menschen ausmacht. Während man im Zentrum von Schenna auf 600 Metern mediterrane Lebensart unter Palmen und Zypressen genießt, ist das Ambiente im Bergdorf Videgg auf 1.536 Metern schon richtig alpin.

Spazierwege für die ganze Familie schlängeln sich entlang von plätschernden Waalwegen. Gemütliche Wanderungen führen zu urigen Hütten und bewirteten Almen, die nach Südtiroler Art verwöhnen. Fünf Seilbahnen und zwei Sessellifte erleichtern den Aufstieg. Die Wander- und Bikesaison geht von März bis Mitte November. Die Waalwege und ortsnahen Wanderwege können das ganze Jahr über begangen werden.

Tourismusverein Schenna
I-39017 Schenna - Südtirol
www.schenna.com | info@schenna.com
Tel. +39 0473 94 56 69

Hotel Lagrein in Schenna - Mediterranes Flair in Traumlage.

In einzigartiger Panorama-Lage mit Traumblick auf Meran, genießen Erholungssuchende die rundum spürbare Wohlfühlatmosphäre, die Herzlichkeit eines Familienbetriebes und das mediterrane Gartenparadies. Kulinarisch werden Genießer mit heimischen Produkten und besten Südtiroler Weinen verwöhnt. Wohlige Momente bietet der attraktive Spa-Bereich. Das Lagrein hat eine besonders gute Ausgangslage für Naturliebhaber und Wanderer und ist Partnerhotel des Golfclubs Lana.

Hotel Lagrein ****
www.hotellagrein.it

Residence Torgglerhof
www.torgglerhof.schenna.com

Residence Torgglerhof in Schenna - Extravagant wohnen am Bauernhof.

Denkmalgeschützter Obst-Wein-Hof in zentraler und sonniger Lage. Die alte Scheune des historischen Bauernhofs wurde mit einer ausgeklügelten Raumkonzeption und jeder Menge Eichen- und Fichtenholz zu großzügigen Ferienwohnungen (sogar mit Sauna) umfunktioniert. Für Kinder Mini-Streichelzoo und viel Platz zum Spielen, für Eltern Entspannung und Erholung pur. Herrlicher Panoramablick über Meran, idealer Ausgangspunkt für Wanderungen.

len in München und Paris, arbeitete in London, Mailand, Hamburg. 2007 gründete er sein eigenes Label.

Dass er Meran als Sitz wählte, hat mehrere Gründe, ist aber auch ein Indiz dafür, dass er, ein junger, weltoffener Designer, seiner Stadt etwas zutraut. »Den Ausdruck ›Kurstadt Meran‹ mag ich gar nicht«, sagt Dimitri. »Das klingt nach alten Leuten, die oben in Dorf Tirol wohnen. Das ist nicht das Meran von heute. Hier tut sich viel.«

Selbst in den Gassen von Steinach, die daliegen wie ein schönes, gut gehütetes Geheimnis, sind unter verblassten Ladenaufschriften Webdesigner und Künstler eingezogen. Das Viertel im Rücken der Pfarrkirche ist der älteste Teil der Stadt, errichtet noch vor den Laubengassen. »Das hier war das Zentrum. Durch die Passeirergasse fuhr früher der Bus. Wenn er voll war, saßen die Buben auf dem Dach und mussten beim Passeirertor abspringen«, erzählt die Malerin Petra Holzknecht, die farbenfrohe, abstrakte Bilder malt und in eben dieser Gasse ihr Atelier hat. »Von Frühling bis November; danach ist der Raum unbeheizbar«, sagt sie. Das Gewölbe war einst der Pferdestall von Margarete Maultasch, der streitbaren Gräfin von Tirol, die ihren Mann des Landes verwies. Vor dem Eingang plätschert ein Brunnen, Wasserrauschen gehört zu Merans Klangkulisse, so wie das Vogelgezwitscher in den üppigen Baumkronen.

Auf der Terrasse des »Rossini« in der Freiheitsstraße spielt Loungemusik. Dimitrios Panagiotopoulos hat die Bar empfohlen, seine Feststellung, die Südtiroler seien »ausgesprochen modebewusst«, wird hier gut illustriert. An einem Tisch sitzen fünf junge Frauen, in ihrer Unterhaltung wechselt Deutsch und Italienisch in schnellem Rhythmus, manchmal innerhalb eines Satzes. Und dann ist es sieben Uhr, und durch die Musik tönen die Glocken der nahe gelegenen Pfarrkirche: wieder eine Mischung und wieder eine, die wirkt wie gekonnt komponiert. ■

MERIAN | AUF SISIS SPUREN DURCH MERAN

»Südbalkon der Monarchie« wurde Meran einst genannt – auch dank Kaiserin Elisabeth von Österreich. Als sie im Herbst 1870 mit ihren beiden Töchtern für sieben Monate nach Meran kam, war die Promenade an der Passer noch ein einfacher Weg. In den Altstadtgassen standen noch Viehtränken, zur Unterhaltung gab es kaum mehr als einen Lesesaal. Trotzdem war Sisi begeistert. Quartier bezog sie in **Schloss Trauttmansdorff,** mit grandiosem Blick über die Stadt und den Talkessel. Ihre Gemächer kann man besichtigen: sechs überraschend kleine Zimmer, im größten wohnte Kaiser Franz Joseph, wenn er zu Besuch kam. Der 102-köpfige Hofstaat war in umliegenden Anwesen untergebracht. Mieten, laufende Kosten, ein eigenes Hoftelegrafenamt in Trauttmansdorff: Elisabeths erster Winter in Meran kostete fast 330 000 Gulden, etwa so viel wie zehn Villen.

Sisis Alltag in Meran bestand aus Spaziergängen und Ausritten. Stundenlang durchstreifte sie den Park von Trauttmansdorff – heute ein wunderschöner **botanischer Garten** mit Pflanzen aus aller Welt. Ob sie jemals den nach ihr benannten **Sissi-Weg** vom Schloss in die Stadt ging, ist nicht überliefert. So oder so hat er viel mit ihr zu tun: Er führt durch den Park von **Schloss Pienzenau,** wo ein Stall für 27 kaiserliche Pferde eingerichtet war, vorbei an **Schloss Rubein,** in dem ein Teil des Hofstaats unterkam, und an **Schloss Rottenstein,** dem Haus von Sisis Schwager. Hier wohnte die Kaiserin während ihres zweiten Meranaufenthalts. Weiter geht es die **Kurpromenade** hinunter, die bis 1918 nach Sisis älterer Tochter »Gisela-Promenade« hieß. Im **Kaiserin-Elisabeth-Park** trifft man auf Sisi selbst: Die **Statue aus Laaser Marmor** entstand 1903 und zeigt sie sitzend mit einem Buch im Schoß. Ihr Kopf ist schon der dritte. Dem ersten wurde 1925 die Nase abgeschlagen, vermutlich von italienischen Nationalisten. Sisi erhielt ein neues Haupt – das ihr zwei Jahre später Unbekannte abtrennten. Noch einmal ersetzte man den Kopf, dann verbannten die faschistischen Behörden die Statue an den Rand des Parks. 1978 kam sie an ihren ursprünglichen Platz zurück.

Die beiden alten Köpfe Sisis sind heute in Schloss Trauttmansdorff ausgestellt, ebenso ein Bademantel, eine Reisetruhe und ein Sonnenschirm aus ihrem Besitz. Ein Sisi-Museum ist nicht aus dem Schloss geworden, stattdessen entstand hier das **Touriseum,** das sich der Geschichte des Tourismus widmet – der ja hier mit Sisi erst richtig begann.

Der Touriseum-Rundgang führt auch durch Sisis Zimmer auf Schloss Trauttmansdorff. Öffnungszeiten und Preise unter **www.touriseum.it.**
Den Flyer zum Sissi-Weg gibt es in der Kurverwaltung oder zum Herunterladen auf der Website von Schloss Trauttmansdorff: **www.trauttmansdorff.it.**
»Sissi in Meran. Kleine Fluchten einer Kaiserin« ist nicht nur für Sisi-Fans interessant. **Josef Rohrer, Folio Verlag 2008, 112 S., 15,80 €**

Marmor-Ikone: Sisis Denkmal im Kaiserin-Elisabeth-Park

Der Duft der Sonne

Dorf Tirol: Urlaub für die Sinne

Majestätische Gipfel im Rücken, den mediterranen Süden umarmend und dazu mildes Klima und viel Sonnenschein von früh morgens bis in den späten Nachmittag – das ist Dorf Tirol in der Südtiroler Ferienregion Meraner Land. Auf einem Panorama-Hügel über der Kurstadt Meran gelegen, gilt der Ferienort als die Sonnenterrasse Südtirols.

Der warme Frühling beginnt hier bereits im März und der milde Herbst reicht bis in den November hinein. Im Frühjahr bezaubert die Blütenpracht vor der Kulisse schneebedeckter Berggipfel, im Herbst beeindruckt das intensive Farbspiel der Wälder.

Dorf Tirol ist geprägt von dörflicher Originalität und landschaftlicher Schönheit. Seine sonnenverwöhnte Lage vor mächtiger Bergkulisse macht den Ort so kontrastreich.
Das Dorf erstreckt sich vom Zenoberg auf rund 600 Metern, der an das Stadtzentrum von Meran angrenzt, bis hinauf zum Naturpark Texelgruppe und der Spronser Seenplatte auf rund 2.500 Metern.

Aktiv mit Genuss

Das Klima ist geradezu ideal für Aktivitäten im Freien – von genussvollen Spaziergängen durch Obstwiesen und Weinterrassen über Wanderungen entlang sattgrüner Almwiesen, vorbei an romantischen Berghöfen und klaren Bergseen bis hin zu anspruchsvollen Bergtouren auf die Mutspitze im Naturpark Texelgruppe. Neben 70 km markierter Wanderwege laden verschiedene Themenwege, wie der Apfel-, Wein- Kultur- oder Panoramaweg zu ausgedehnten, genussvollen Wanderungen ein.

Knödel & Spaghetti

So vielfältig die Natur und Vegetation, so vielfältig sind auch die Gaumenfreuden in Dorf Tirol. In den Kochtöpfen der gastronomisch vielseitigen Betriebe trifft alpin auf mediterran, treffen Knödel auf Spaghetti. Dem touristischen Gaumen wird es nicht langweilig: Das Angebot reicht von Berggasthöfen und Almen über Jausenstationen, Törggelekeller bis hin zur Sterne-Gastronomie.

Dolce Vita mit einer würzig-alpinen Note – mit dieser Essenz lässt sich der charmante Charakter von Dorf Tirol auf den Punkt bringen.

dorftirol
IM MERANER LAND
ALPIN-MEDITERRANES LEBENSGEFÜHL

Tourismusverein Dorf Tirol
Tel. +39 0473 923314
www.dorf-tirol.it
www.facebook.com/dorftirol.tirol

Entdecken Sie Wales,

ein etwas anderes Eckchen Großbritanniens

Green Bridge of Wales, Pembrokeshire

Wales ist ein kleines Land, das für seine wunderschöne Landschaft und seine überwältigende Küste bekannt ist. Durch die Kultur und die Sprache, die im Vereinigten Königreich einmalig sind, gibt Ihnen eine Reise nach Wales die Gelegenheit, eine ganz andere Seite des Vereinigten Königreichs zu erforschen.

Obwohl das Land nur 256 km lang und 96 km breit ist, hat Wales eine Menge zu bieten. Entdecken Sie mächtige mittelalterliche Burgen, drei Nationalparks, fünf unter besonderem Schutz stehende ländliche Gebiete außerordentlicher natürlicher Schönheit (Areas of Outstanding Natural Beauty) und erstklassige Strände.

Eine Reise nach Wales ist nicht vollständig, wenn man dabei nicht einen Abschnitt des Walisischen Küstenpfades, des weltweit ersten Pfades dieser Art, ausprobiert. Er windet sich um das ganze Land herum und führt dabei durch hübsche Fischerdörfer, versteckte Buchten und über atemberaubende Klippen.

NEHMEN SIE AN UNSEREM PREISAUSSCHREIBEN TEIL UND

GEWINNEN SIE EINE REISE NACH WALES

Portmeirion, Nordwales

Wales Cymru

HABEN SIE IHRE KOFFER GEPACKT?

Das Wales Millennium Centre, Cardiff

Frischer Hummer

Bewundern Sie die umwerfende Aussicht über die Bucht von Rhossili, blicken Sie auf zum Leuchtturm von South Stack vor der Insel von Anglesey, beobachten Sie Delphine entlang der Ceredigion-Küste und staunen Sie über das stets tiefblaue Wasser der Blauen Lagune in Pembrokeshire.

Inmitten der natürlichen Schönheit der Küste erwarten Sie auch die idyllischen Fischerdörfer von Aberaeron und New Quay, sowie eine Vielzahl historischer Burgen und traditioneller walisischer Pubs, wo Sie regionale Delikatessen wie Laverbread probieren oder sich an frisch gefangenem Fisch und Hummer gütlich tun können.

Kosten Sie im Tŷ Coch Inn, das zur drittbesten Strandbar der Welt gewählt worden ist, ein Pint walisischen Ales, oder besuchen Sie, falls Sie ein etwas kulturträchtigeres Erlebnis bevorzugen, die Caldey-Insel vor der Küste von Pembrokeshire und entdecken Sie dort ein Kloster aus dem 13. Jahrhundert, das bis heute praktizierende Mönche beherbergt.

Machen Sie sich auf den Weg ins Landesinnere, um die Bergketten zu erforschen, die einen Großteil der markanten walisischen Landschaft prägen, erklimmen Sie den Mount Snowdon, der mit seinen 1085m der höchste Gipfel des Landes ist und tauchen Sie unterwegs Ihre Zehen in die Wasserfälle von Afon Cwm Llan.

Das an einem unvergleichlichen Ort gelegene Dorf von Portmeirion, von dem aus man Sand, Meer und Berge überblicken kann, ist eine kleine Kostprobe Italiens, die es unbedingt auszutesten gilt. Die dem italienischen Baustil nachempfundenen Gebäude wurden in den 1920er Jahren entworfen und sind seither zum Schauplatz für Fernsehserien wie Nummer 6 (Originaltitel: The Prisoner) geworden. Schlendern Sie durch die subtropischen Gärten von Portmeirion und nehmen Sie ein Stück der berühmten Portmeirion-Keramik als Andenken mit nach Hause.

Nehmen Sie eine Kostprobe des Stadtlebens und machen Sie eine Reise in die walisische Hauptstadt Cardiff. Besichtigen Sie die Burg von Cardiff, die sich im Herzen der Stadt befindet, oder erkunden Sie eigenständige Boutiquen in den historischen viktorianischen und edwardianischen Einkaufspassagen, gehen Sie im kultigen Walisischen Millenniumszentrum zu einer Vorstellung der Spitzenklasse und genießen Sie ein paar Cocktails auf dem Hafendamm mit seinem Ausblick über die Cardiff-Bucht.

Ganz gleich, für welche Ecke von Wales Sie sich bei Ihrer Erkundungsreise entscheiden, sicher ist Ihnen in jedem Fall ein warmherziger walisischer Empfang.

NEHMEN SIE IHRE ENTDECKUNGSLUST MIT

In Wales werden das ganze Jahr über verschiedenste Festivals veranstaltet. Probieren Sie beim Food Festival von Abergavenny das Beste der walisischen Erzeugnisse oder entspannen Sie sich in wunderschöner Umgebung beim Green Man Festival und lassen sich vom musikalischen Talent anstecken.

NEHMEN SIE EIN BUCH FÜR WALISISCHE WENDUNGEN MIT

Wales ist ein offiziell zweisprachiges Land. Wenn Sie beim Begrüßen und Verabschieden ‚shwmae' und ‚hywl fawr' in Ihr Gespräch einfließen lassen, werden Sie garantiert ein Lächeln auf das Gesicht der Einheimischen zaubern.

NEHMEN SIE IHRE KAMERA MIT

Sie könnten ein Jahr lang jeden Tag eine walisische Burg besichtigen und es gäbe trotzdem immer noch mehr zu sehen.

Green Man Festival, Mittelwales

Der Preis beinhaltet Flüge der Economyklasse für zwei Personen, einen Mietwagen und Unterbringung. Genauere Informationen sowie die Geschäftsbedingungen finden Sie hier **visitwales.com/de/merian-gewinnspiel**

Allein bin ich

Wenn Südtirol einen Botschafter hat, dann ihn. Wenn einer dieses Land geprägt hat, dann er. MERIAN traf Reinhold Messner in seinem Museum auf Schloss Bruneck. Ist es nach dem 70. Geburtstag jetzt an der Zeit, zurückzublicken? Bloß nicht!

INTERVIEW **BIRGIT HEILAND UND HANSJÖRG FALZ**

MERIAN: Herr Messner, Sie haben die höchsten Berge dieser Welt bestiegen, sind durch die Wüste Gobi gelaufen, haben die Antarktis durchquert – Stein, Sand, Eis. Wie ist eigentlich Ihre Beziehung zum Wasser?

REINHOLD MESSNER: Zu Wasser habe ich gar keine Beziehung, ich kann ja noch nicht mal schwimmen! Meine jüngste Tochter Anna hat mir zu meinem 70. Geburtstag Schwimmflügel geschenkt. Nein, Wasser ist absolut nichts für mich. Immer, wenn ich bei meinen Bergtouren an reißende Gebirgsbäche gekommen bin, war die Durchquerung zu Fuß eine riesige Herausforderung.

Das hört man gern: Reinhold Messner fürchtet sich und kann etwas nicht, will etwas nicht.

Ich habe kein Problem mit dem Scheitern. Mut und Angst sind für mich zwei unteilbare Hälften. Was viele vergessen: 18 meiner 33 Himalaya-Expeditionen sind gescheitert. Einige Touren habe ich wiederholt, etliche habe ich ad hoc abgebrochen und gesagt: Das liegt außerhalb meiner Möglichkeiten. Die Dhaulagiri-Südwand in Nepal etwa, da wusste ich es nach dem ersten Versuch: Das schaffe ich nicht. Da komme ich niemals hoch. Dafür habe ich nicht das Können, nicht die Geschwindigkeit. Ich habe auch ein paar wirtschaftliche Unternehmungen gewagt: einen Bauernladen zum Beispiel, mit einem Investor, wir haben alles verloren. Ich habe mein ganzes Leben lang immer wieder etwas probiert – und in erster Linie dabei gelernt. Die Vorstellung, dass mir etwas nicht gelingt, die schreckt mich nicht ab.

Ihre Museumslandschaft in Südtirol ist ein Erfolg. Im Sommer 2015 wird das sechste Messner Mountain Museum (MMM) am Gipfel des Kronplatzes eröffnet. Ist es wirklich Ihr letztes?

Ich bekomme permanent und von überallher Angebote, aber Museen mache ich auf keinen Fall mehr. Ich habe das Museumsprojekt hier in Südtirol meinen 15. Achttausender genannt – weil ich so viele bürokratische und politische Widerstände brechen musste. Und anfangs war dieses Projekt auf dem Papier ja längst nicht so großartig, wie es mit der Zeit geworden ist. Zu Beginn hatte ich nur an ein einziges Museum gedacht.

Sind diese sechs Museen für Sie auch eine Reise zu sich selbst?

Ja. Und man kommt nie an bei dieser Reise. Aber das macht nichts, mir zumindest. Ich will immer hinter den nächsten Horizont schauen. Das mit der Reise zu sich selbst wird übrigens im Museum am Kronplatz eine der Hauptaussagen sein: »Den wahren Gipfel erreichst du nie.« Das ist ein Zitat des deutschen Alpinisten Reinhard Karl, zu dem ich zehn beinahe gleiche Bilder hängen werde – alle knapp vor dem Gipfel abgeschnitten.

Was erwartet die Besucher noch?

Was die Architektin Zaha Hadid dort baut, ist an sich schon ein Kunstwerk! Es ist so unkonventionell wie sie selbst: Alles ist rund und liegt wie eine unterirdische Sprungschanze im Berg, drei Stockwerke tief. Wer reinkommt, sieht zuerst zwei Augen, zwei riesengroße Fenster. Aus dem ersten schaut man auf einen Bauernhof und den Wald, der Bauernhof könnte 1000 Jahre alt sein. Dann geht man tiefer hinein und sieht einen Weiler und absolute Wildnis. Und vom untersten Stockwerk aus muss man raufschauen – und sieht nur noch die Berge.

Was sind Ihre Pläne, wenn Sie am Kronplatz fertig sind, werden Sie die MMM weiterführen?

Ich werde mich langsam aus dem Projekt verabschieden. Meine Tochter Magdalena arbeitet bei mir, sie hat Kunstgeschichte studiert und wird die Museen vermutlich in ein paar Jahren übernehmen. Ich möchte nichts verwalten. Gestalten füllt mich aus, macht mich lebendig. Haben empfinde ich auf Dauer als Belastung.

Ist das eine Erkenntnis, die Sie mit zunehmendem Alter gewonnen haben?

Nicht erst mit dem Alter. Das wirklich Großartige im Leben ist doch, Ideen in

am besten

Legende auf dem Thron: Reinhold Messner, der Abenteurer und Geschichtenerzähler, möchte ins Filmgeschäft einsteigen. Er plant eine Dolomitensaga

Tatsachen zu verwandeln. Das Haben ist langweilig, ist nichts. Das Schaffen ist es. Ich nenne es: den goldenen Schritt machen! Etwas Fertiges ist Stillstand. Etwas Fertiges ist langweilig!

Also werden Sie auch mit siebzig noch weitergehen. Was kommt als Nächstes?

Ich weiß schon lange: Die Zukunft liegt für mich im Erzählen – das tue ich ja eigentlich schon seit 50 Jahren. Ich habe mich in vielen Erzählformen versucht, Vortrag, Vortrag mit Bildern, Bücher. Alle meine Museen tragen im Grunde Geschichten vor. Ein Museum ist nichts anderes als eine weitere Erzählform. Hier in Ripa auf Schloss Bruneck präsentiere ich mithilfe von Reliquien die Bergvölker in aller Welt. Im vergangenen Sommer habe ich mich in der ältesten aller Erzählformen geübt: Ich habe das »Gespräch am Feuer« veranstaltet. Dabei sitze ich vor einer großen Feuerschale und erzähle einfach Geschichten – wie der Barde vor 5000 Jahren. Und nach der Hälfte der Zeit, also nach etwa 30 Minuten, wird es ein Gespräch. Die, die mit mir am Feuer sitzen, dürfen alles fragen. Beim ersten Mal kamen 50 Leute, und am Ende waren es 500!

Was reizt die Leute daran, zu Ihnen ans Feuer zu kommen?

Ich glaube, die Menschen haben die Nase voll von Informationen, die schon sortiert und gefiltert sind, so wie beim gedruckten Buch oder der geschnittenen Fernsehsendung. Die Menschen wollen eintauchen in die Live-Erzählung, dem Erlebnis nachspüren, einhaken können und erfragen, was sie gerade beschäftigt. Ich kann dann nicht ausweichen und präsentiere auch mal meine Angst, meine Trauer, Wut oder Freude. Die Zuhörer fühlen dort am Feuer Offenheit und Glaubwürdigkeit.

Sie wollen auch ins Filmgeschäft einsteigen.

Der Film ist die komplexeste Erzählform, weil er mit bewegten Bildern arbeitet. In Filmen könnte ich noch besser mit Mimik und Gestik und Worten arbeiten. Ein Film muss total auf die emotionale Ebene gehen. Ich muss die Menschen so in die Geschichte hineinziehen, dass sie gar nicht mehr aussteigen können. Ich habe ja bei Hunderten von Filmen mitgearbeitet und festgestellt: Die kochen alle nur mit Wasser. Das kann man besser machen.

Welche Aufgabe übernehmen Sie: Regisseur, Produzent, Hauptdarsteller? Oder gleich alles zusammen?

Auf keinen Fall werde ich Schauspieler. Vielleicht schlüpfe ich dann und wann in die Erzählerrolle. Ich würde mal Regie führen. Am liebsten wäre mir die Form des Autorenfilms, dann wäre ich allein verantwortlich für das, was auf der Leinwand zu sehen ist. Ich bin sowieso der Meinung: Allein bin ich am besten. Natürlich bräuchte ich Fördermittel, trotzdem will ich nicht jeden Dialog und jede Szene vorher aufschreiben müssen. Ein Werner Herzog oder ein Volker Schlöndorff haben zu Beginn auch nur eine Idee gehabt.

Welche Geschichte möchten Sie gern erzählen?

Ich habe einen Dolomitenfilm im Kopf, als Familiensaga, die einen Zeitraum von 120 Jahren behandelt. Die Menschen können sich nicht vorstellen, wie man vor 120 Jahren in den Dolomiten gelebt hat. Keiner ist auf die Berge gestiegen, aber die Buben mussten mit zwölf oder dreizehn allein eine Alm bewirtschaften. Allein – da spielt die Fantasie verrückt, die Hexen kommen, aber auch ein Gewitter, ein Sturzbach.

Hier sind meine Lieblingsberge

Südtiroler mit Weitblick: Reinhold Messner vor Schloss und Museum Juval im Vinschgau, wo er im Sommer lebt und Besuchern den Mythos Berg näherbringt

Südtirol von seiner schönsten Seite
Südtirol – Dolomiten – Gardasee
Mountainbiken am Gardasee
Mountainbiken in den Dolomiten
Mountainbiken in den Dolomiten – Bd. 2
DAS ERLEBNIS KÄSE
KOCHBUCH
So kocht Südtirol
Menüs
Einfach und genial kochen für Feste und Freunde
So kocht Südtirol
Eine kulinarische Reise von den Alpen in den Süden
So kocht Italien
Antipasti, Risotti, Pasta, Dolci…
www.athesiabuch.it
ATHESIA TAPPEINER. VERLAG
Entdecke Südtirol
sentres.com
Die schönsten Touren und besten Unterkünfte in Südtirol
www.sentres.com
zur kostenlosen sentres-App >>

Wir müssen in Zukunft in den Berg

Auf die Spitze treiben: Im Sommer 2015 soll auf dem Kronplatz in 2275 Meter Höhe das Museum »MMM Corones« eröffnen – ein Zaha-Hadid-Bau

Allein die Auseinandersetzung mit der Natur am Ende der Welt, zehn Stunden vom Tal entfernt, allein die Einsamkeit zu zeigen!

Sie haben mal gesagt: »Südtirol hat die schönsten Berge der Welt.«

Ja. Und das gilt auch heute noch, nachdem ich die meisten Berge gesehen habe. Hier sind meine Lieblingsberge. Hier habe ich meine Kindheit verbracht, mit der Familie waren wir viele Sommermonate unterhalb der Geislerspitzen. Da haben mein Bruder Günther und ich schon als Buben alles durchklettert.

Und die Südtiroler Landschaft am Fuß der Berge? Steht Ihnen da nicht schon zu viel von Menschenhand Erschaffenes?

Südtirol ist schon sehr verbaut, wir dürfen eigentlich keine weitere Landschaft mehr zerstören. Wir müssen in Zukunft in den Berg hineinbauen.

In den Berg hineinbauen?

Werner Tscholl, für mich der beste Südtiroler Architekt, baut gerade für meinen Sohn Simon ein Haus. Die Idee dazu haben wir gemeinsam in der Familie entwickelt. Das Haus wird in den Felsen hineingeschnitten – und bis auf die Schlitze wieder zugemacht. Die Schlitze sind so platziert, dass die Wintersonne genau auf die Fenster trifft, die Sonnenenergie kann direkt genutzt werden. Und von unten sieht man nichts als Felsen. Das ist ein ganz modernes Haus. Das ist die Zukunft!

Die zwar Landschaft schützt, aber für viele Menschen kaum zu bezahlen ist.

Ja, die Grundstücks- und Immobilienpreise in Südtirol sind derartig nach oben gegangen! Wir Eltern müssen unseren Kindern bei der Finanzierung helfen, denn für sie ist es heute viel schwieriger, als es für uns war. Ich habe mein erstes Haus für umgerechnet 3000 Euro gekauft, das war ein altes Pfarrhaus. Für meine Burg Juval musste ich 30000 Deutsche Mark bezahlen, die wollte niemand haben. Die Leute haben gelacht, das ist doch nur ein Steinhaufen!

In einem MERIAN Südtirol aus dem Jahr 1987 werden Sie mit folgendem Satz zitiert: »Südtirol könnte den besten und einträglichsten Tourismus haben.« Was sagen Sie heute?

Wir Südtiroler müssen es schaffen, weltweit die Führungsrolle im Bergtourismus zu erreichen. Das heißt, dass Leute, die einen Urlaub in den Bergen verbringen wollen, zuerst auf die Idee kommen, diesen Urlaub in Südtirol verbringen zu wollen. Aber das geht nicht, indem wir die Preise ins Unendliche treiben. Wir müssen vielmehr ein Angebot machen, das unverwechselbar ist. Und dieses Angebot muss kulturell untermauert sein.

Was meinen Sie damit?

Die Gastgeber müssen sich mehr Zeit für die Gäste nehmen. Der Wirt oder die Wirtin muss den Besucher in unsere Welt führen, muss ihm die Berglandschaft erklären, muss den Leuten sagen: Das ist der Gipfel, und da ist mein Urgroßvater geklettert. Und wenn sie sich nur eine halbe Stunde am Tag Zeit dafür nehmen!

Eine persönliche Betreuung also.

Die Menschen, die zu uns kommen, sind hungrig nach Erlebnissen. Sie wollen unsere Südtiroler Kultur erfahren. Sie wollen wissen: Wie lebt es sich wirklich in den Bergen? Wie leben die Menschen mit dieser Natur? Das ist es ja auch, was ich in meinen Museen immer wieder thematisiere.

Sind die Südtiroler denn eigentlich noch ein Bergvolk?

Es gibt viele, viele Bergbauernhöfe, dort leben sie fast noch wie im Mittelalter. Natürlich gibt es etliche, die im System der Monokultur produzieren, die haben 20 Kühe, die Milch wird runtergefahren ins Tal zum Abnehmer, der macht daraus Joghurt oder Butter – und die wird europaweit verkauft. Mein Modell ist das Gegenmodell.

Nämlich?

Ich selbst habe drei Bauernhöfe im Gebirge. Einen habe ich zum Weingut gemacht, den habe ich meinem Sohn

hineinbauen

gegeben. Einen habe ich verpachtet, einer ist ein Biohof – und das ist das Modell, das ich für die Zukunft von Südtirol sehe. Da bieten wir Ferien auf dem Bauernhof an, vier Ferienwohnungen, dazu gibt es ein Gasthaus. Es wird alles selbst produziert, was auf einem Bauernhof direkt hergestellt werden kann: Obst, Gemüse, Fleisch. Alle Produkte werden auf dem Hof veredelt, verkauft oder auf dem Teller serviert.

Und das rechnet sich?

Das kann es. Die Landesregierung hat ein gutes Gesetz gemacht: Ein Bauer darf jetzt sechs Ferienwohnungen haben. Durchschnittlich hat er vier Personen in einer Wohnung, im Optimalfall also 24 Gäste. Dadurch hat er am Abend seine Stube voll, weil die Gäste zusätzlich bei ihm essen. Wenn das Bauernessen gut ist, dann wird die kleine Küche in der Ferienwohnung kalt bleiben. Damit ist die gesamte Wertschöpfungskette beim Bauern. Wir müssen zurück in die Zeit, in der alles noch kleiner, noch individueller war. Ich bin davon überzeugt, dass das der richtige Weg ist. ■

MERIAN | VITA

Reinhold Messner, 1944 in Brixen geboren und aufgewachsen in Villnöss, kann in Kürze nur mit einer Aufzählung beschrieben werden: Bergsteigerlegende, Museumsgründer, EU-Abgeordneter, Autor, Bergbauer, Wüsten- und Antarktisdurchquerer, Yak-Züchter, Managertrainer. Messner ist ein Entrepreneur, den viele bewundern, viele aber auch kritisieren. Das Fundament seines Lebenswerks legte er in den siebziger und achtziger Jahren. Als Erster kletterte er im Alpinstil – ohne künstlichen Sauerstoff, ohne vorher präparierte Route und ohne Expeditionstross – auf den Mount Everest. Und er bezwang die Gipfel aller 14 Himalaya-Achttausender. Seit vielen Jahren beschäftigt er sich verstärkt damit, die Eindrücke seiner Reisen in alle Welt zu reflektieren und zu thematisieren. So kreierte er sechs beeindruckende **Messner Mountain Museen:** in Sulden, auf den Schlössern Bruneck, Juval und Sigmundskron, am Monte Rite – und nun am Kronplatz. **www.messner-mountain-museum.it**

Biobauer Harald Gasser mit einer Auswahl seiner Schätze: Im Griff hat er eine weiße Bete, eine rot-weiß geringelte Bete und eine Mangoldwurzel, am Halfter seinen Esel Nina

Guter Ge

schmack

Zuckerwurzeln und Erdmandeln. Marillenbrand und Almkäse, der nach Gräsern duftet. Die Menschen, die diese *Südtiroler Spezialitäten* herstellen, lieben was sie tun. Aroma und Natürlichkeit sind ihnen wichtiger als Masse. Und schon das Einkaufen ist ein Genuss

TEXT **UWE RASCHE** FOTOS **CHRISTINA KÖRTE**

Ein Strauß voller Vitamine: Seinen bunten Stielmangold pflanzt Gasser bewusst neben den Sellerie, der ihm die Nährstoffe im Boden streitig macht. Der Mangold wächst dadurch langsamer und wird intensiver im Geschmack

Mit Schwung bei der Arbeit: Während Gasser im Sommer von früh bis spät die Beete bestellt, streiten sich dicke Käfer um den Platz auf der Kardy-Blüte

Aspingerhof

Wo der Mangold alles gibt

So krumme Knollen hatte der Küchenchef eines Sterne-Restaurants noch nie gesehen. »Er sagte, meine Ware sähe furchtbar aus, die könne ich gleich wieder abholen«, erzählt Harald Gasser. »Probieren Sie erstmal«, habe er geantwortet. Der Mann ist heute einer seiner treusten Kunden. Einer von vielen: Sterne-Köchin Anna Matscher vom »Löwen« in Tisens, die Brixener Traditionshäuser »Finsterwirt« und »Elephant«, sie alle bestellen bei ihm das, was rar geworden ist: Knollen und Wurzeln, krumm und schief gewachsen und im Geschmack kleine Aromawunder.

Gasser, ein drahtiger Mann von 37 Jahren, bewirtschaftet den Aspingerhof hoch über dem Eisacktal. »Allein Karotten baue ich zwanzig verschiedene an«, sagt er, »fünf orangefarbene, weiße, gelbe, mit Herz, ohne Herz.« Der zitronig-frische balinesische Koriander wächst bei ihm, die milde japanische Petersilie, der indische Malabarspinat – gut 450 Sorten Obst, Gemüse und Kräuter auf knapp einem halben Hektar Land. Viele seiner Pflanzen sind in Vergessenheit geraten, die kleinen Erdmandeln etwa, Knollen, die viele ungesättigte Fettsäuren enthalten und sich gut für Desserts eignen, weil sie nach der Ernte immer süßer werden: »Die hat man schon vor 500 Jahren hier angebaut, aber weil sie viel Arbeit machen, hat man es irgendwann aufgegeben«. Oder die süßlich-mehlige Zuckerwurzel, die man ebenso roh essen kann wie als wunderbares Püree: »Sie wurde bis 1750 auf Wiener Märkten gehandelt, aber später von der Kartoffel verdrängt.«

Die Samen bezieht Gasser vom österreichischen Verein »Arche Noah«, oder er tauscht sie mit Saatgut-Freaks aus ganz Europa. Im Sommer steht, hockt, kniet er oft von Sonnenaufgang bis Mitternacht auf seinem Acker, die letzten Stunden mit Stirnlampe. Die Lust, Bauer zu sein, sei ihm nicht auf der Landwirtschaftsschule gekommen, sagt er, sondern auf einer Indien-Reise. Es habe ihn beeindruckt, wie dort Familien gemeinsam auf ihren Feldern arbeiteten, ganz in Ruhe.

Unzählige Bienen umschwärmen seine Blüten, die Blätter sind saftig grün, die Beete sind kein völlig wildes, aber doch ein Durcheinander. Und unter der Erde wird gekämpft. Gasser zeigt auf den Knollensellerie, gleich daneben wächst Mangold. »Normalerweise pflanzt man keine zwei Flachwurzler so dicht beieinander. Ich mache es bewusst: Der Sellerie ist stärker und macht dem Mangold Stress. Der muss permanent um Nährstoffe und Wasser kämpfen, wächst deshalb langsamer und wird intensiver im Aroma.« Pflanzengemeinschaften nennt man das. Tomaten stehen neben Basilikum, weil die beiden sich gegenseitig unterstützen. »Diese Erfahrung mache ich oft: Was auf dem Teller zusammenpasst, harmoniert auch auf dem Acker.« Gasser verzichtet auf Spritzmittel, auch auf biologische. Schädlinge gibt es für ihn nicht. »Manchmal werde ich gefragt: Was machen Sie gegen die Kohlweißling-Raupe? Nichts, sage ich dann, die frisst mir eh nur die schwächsten Pflanzen weg – da kann ich froh drüber sein.«

Aspingerhof, Harald Gasser (F/G 4/5) Barbian, Saubach 29
Tel. 0335 7085311, www.aspinger.it

Hofkäserei Englhorn

Laibe mit Seele

Jeden Morgen und jeden Abend um halb sechs geht Alexander Agethle melken. Elli, Luna, Trixi, Manuela, Kessy, Kawa, Gaby, Bea, Dorli, Hedi, Lilli und Lilia geben ihm die Milch für seinen Käse. Die zwölf prächtigen Kühe weiden auf saftigen Wiesen, gerahmt von Dreitausendern, der Tschenglser Hochwand, der Ortlergruppe und der Laaser Spitze, von deren Gipfeln frischer Wind hinunterfegt. Den Duft nach Gräsern und Kräutern fängt er ein in seinem Rohmilchkäse, dem weichen Arunda, dem Schnittkäse Tella, dem zwölf Monate gereiften Hartkäse Rims. Fruchtige, nussige, auch raue Aromen bergen seine Laibe.

Dass die Käserei in der kleinen Ortschaft Schleis im Obervinschgau, nur wenige Autominuten abseits der Verkehrsader zwischen Reschenpass und Meran, sehr viele Stammkunden hat, und es immer noch mehr werden, hat noch einen weiteren Grund: Agethle verkauft seinen Käse nicht nur Laib für Laib oder Stück für Stück – er bietet auch ein Bezahlmodell an, mit dem Kunden in die Zukunft der Käserei investieren. Sie erwerben Käsegutscheine, sogenannte »Englhörner«, die sie dann zehn Jahre lang einlösen können – direkt im Hofladen, oder indem sie sich die Ware zuschicken lassen. »Der Mindestbetrag liegt bei 500 Euro, dafür gibt es 110 Mal 200 Gramm Käse«, erklärt Agethle. »Unabhängig von Teuerung und Geldentwertung bekommt der Kunde so über einen sehr langen Zeitraum höchste Qualität zu einem festen Preis.«

Nur so habe er die Existenz seiner Käserei sichern können, ohne von Banken abhängig zu werden, sagt der 43-Jährige.

Gehegt, gebürstet und ausgezeichnet: Alexander Agethle und seine Frau Sonja nehmen sich viel Zeit für ihren Biokäse. Ihr »Rims«, 2014 als bester Hofkäse Südtirols prämiert, reift bis zu 12 Monate

»Erbhof« steht am Haus der Agethles, so ein Schild bekommen in Südtirol nur Höfe, die seit mehr als 200 Jahren im Familienbesitz sind. Agethle übernahm den Betrieb von seinen Eltern, nachdem er sich rund 20 Jahre lang ausgiebig in der Welt umgesehen hatte: Er studierte mediterrane Agronomie in Florenz, arbeitete am Alpenforschungsinstitut in Garmisch-Partenkirchen, ging dann als Entwicklungshelfer in den Kosovo und half dort nach dem Ende des Bürgerkriegs beim Wiederaufbau der Landwirtschaft. Nach seiner Rückkehr in den Vinschgau stellte er so schnell wie möglich auf Bioproduktion um, ersetzte die Hochleistungskühe der Eltern durch robustes Braunvieh und begann, seinen Gourmet-Käse zu machen.

Doch er stieß schon bald an Grenzen: Die Räume im Keller des alten Agethle-Hauses wurden 2013 endgültig zu eng. Das Gebäude gleich nebenan, in dem sich vor Jahrzehnten mal die Dorfsennerei befunden hatte, stand leer und wurde zum Verkauf angeboten. Das war die Bewährungsprobe für Agethles neues Geschäftsmodell: »Mehr als 150 000 Euro habe ich über die Käsegutscheine hereinbekommen und in die neue Produktion nebenan gesteckt.« Aber nicht, um hochmoderne Maschinen zu kaufen, sondern damit er und sein Käser Max Eller noch traditioneller und natürlicher arbeiten können. »Wir haben jetzt zum Beispiel zwei Ebenen zur Verfügung, sodass die Milch von oben frei in die Kupferkessel fließen kann. Das ist für die sensiblen Fettkügelchen in der Rohmilch viel schonender, als wenn man Pumpen einsetzt.«

Den Vorschuss an Vertrauen, den ihm seine Kunden gewähren, nennt er einen »ethischen Kredit«. Bei vielen Menschen wachse der Wunsch, in grundlegende Werte zu investieren. »Bei uns bekommen sie diese Möglichkeit und sehen ganz genau, wofür ihr Geld eingesetzt wird.« Einige von Agethles Kunden aus der Gastronomie finden die Idee so gut, dass sie die »Englhörner« in ihren Häusern als Zahlungsmittel akzeptieren – etwa das Hotel »Greif« im nahe gelegenen Mals oder das Restaurant »Broeding« in München. »Mit den eingenommenen Gutscheinen bezahlen die wiederum bei mir den Käse, den ich ihnen liefere.«

Hofkäserei Englhorn, Alexander Agethle (A/B 4) Mals, Schleis 8, Tel. 0473 835393, www.englhorn.com

Hier kann man in der Vergangenheit lesen: Christian Pinggera und seine Mutter Rosa bewirten Gäste gern in ihren denkmalgeschützten Stuben. An den holzvertäfelten Wänden kleben Zeitungen aus dem 19. Jahrhundert – einst als Isolierung gedacht, jetzt ein Stück Geschichte zum Anfassen

Feine Zutaten, feine Nase: Um aus seinen Marillen den besten Brand zu gewinnen, vertraut der ausgebildete Schnapsbrenner weniger der Technik als seinem guten Riecher

Schnalshuberhof

Fruchtig, herzlich, gut

Richard Wagner ist immer mit dabei, wenn Christian Pinggera vor seinem kupfernen Wasserbadbrenner sitzt. Arien klingen durch den Raum, während Pinggera mit dem Holz seiner Apfelbäume den Brenner anheizt. Gas wäre bequemer. »Aber so verlangt die Hitzeregulierung viel mehr Gefühl, das macht den Reiz aus«, sagt er. »Um die Luftzufuhr von Hand zu steuern, muss man etwas von Thermik verstehen, ich vergleiche es gern mit Segelfliegen.«

Pinggera destilliert im traditionellen Doppelbrandverfahren, gewinnt erst aus Maische den Rohbrand. Wenn der dann nochmal gebrannt wird, besteht die Kunst darin, genau den Zeitpunkt zu treffen, wenn der Brand am reinsten ist. »Zwar hat das Gerät eine Temperatur- und Alkoholanzeige, aber ich verlasse mich auf meine Nase«, sagt Pinggera.

Schon als Bub hat der 46-Jährige mit den Nachbarskindern beim Schwarzbrennen zugeschaut, in Kellern mit verdunkelten Fenstern. Heute betreibt er ganz legal eine der schönsten und urigsten Buschenschänken Südtirols, im Örtchen Oberplars, hoch über Meran gelegen. Dazu gehören eine weinumrankte Laube und uralte Fichtenholzstuben, die unter Denkmalschutz stehen. Mindestens seit 1318 gibt es den Schnalshuberhof, da wurde er erstmals urkundlich erwähnt, seit 1530 befindet er sich im Familienbesitz.

Einen Buschenschank darf nur betreiben, wer bäuerliche Kost anbietet und einen Großteil seines Angebots selbst erzeugt. Im Schnalshuberhof kommt vom Salat über den Spargel bis zum Weißkohl fürs Sauerkraut nahezu alles aus dem eigenen Garten. Die Weine keltert Pinggera aus den Trauben vom Hang gegenüber: süffigen Vernatsch oder Fraueler, Weißwein aus einer alten Vinschgauer Traditionsrebe.

Auf den Tisch kommen Schlutzkrapfen und Knödel, die Pinggeras Mutter Rosa täglich frisch zubereitet. Würziges Gulasch gibt es oder ein zweieinhalb Stunden geschmortes Ossobuco, so zart, dass man es löffeln könnte. Eine Speisekarte findet der Besucher nicht, jedenfalls keine gedruckte. »Wir sind die Speisekarte«, sagt Christian Pinggera und meint damit sich und seinen Vater Hansjörg, der eine rustikale, manchmal ruppige Herzlichkeit an den Tag legt, die ihm kein Gast der Welt mehr abgewöhnen wird.

Niemand aus der Familie hatte Erfahrung in der Gastronomie, als sie 1997 den Buschenschank eröffneten. Der Vater ist eigentlich Kunstmaler, der Sohn hat auf der Fachschule für Obst-, Wein- und Gartenbau Laimburg studiert und sich dann in Wien zum Schnapsbrenner ausbilden lassen. Wenn er zu später Stunde mit seinem Bastkorb von Tisch zu Tisch geht, drängeln sich darin ein Dutzend Flaschen. Besonders beliebt ist sein Grappa, der ohne jede Schärfe daherkommt – aber man muss auch die Obstbrände probieren, destilliert aus vollreifen Quitten, Marillen, Schlehen, Zwetschgen oder Äpfeln, die rund um den Hof wachsen. »Wenn alles gut war, das Essen, der Wein«, sagt Pinggera, »dann muss auch der Schnaps am Ende gut sein.«

Schnalshuberhof, Familie Pinggera
(D/E 4) Algund, Oberplars 2, Tel. 0473 447324

Drei Männer und ihr Wein: Ivan Giovanett ist der Kellermeister, sein Vater Günther leitet das Gut, Großvater Alfons klettert durch seinen eigenen Weinberg – und gibt Tipps, damit die Weine ihren Charakter behalten

Weingut Castelfeder

Großvaters Gespür für Stil

Fast jeden Morgen steht er in seinem Weinberg, auch mit 93 Jahren noch. Sein Weingut hat Alfons Giovanett inzwischen über zwei Generationen weitergereicht, aber einen eigenen Hang mit Gewürztraminer und Sauvignon, den hat er noch. »Wenn ich da im Sommer vorbeifahre, sehe ich Opa oft mit kurzen Hosen und nacktem Oberkörper in den Reben stehen«, erzählt Ines Giovanett.

1970 hat ihr Großvater das Weingut in Kurtinig gegründet und ihm den Namen »Castelfeder« gegeben. 1989 übernahm sein Sohn Günther die Leitung, er kümmert sich heute vor allem um den Inlandsverkauf, seine Frau Alessandra ist für das Personal zuständig. Ein Großteil der Verantwortung liegt inzwischen bei der dritten Generation: Ivan Giovanett prägt als Kellermeister den Charakter der Weine, seine Schwester Ines betreut das Marketing und den Export, der bei Castelfeder 70 Prozent ausmacht.

»Wir haben keine Meetings, sondern essen gemeinsam zu Mittag. Und in den Erntewochen sitzen wir jeden Abend zusammen und beratschlagen, welche Trauben am nächsten Tag gelesen werden«, sagt Günther Giovanett auf einer Fahrt durch seine Weinberge, die insgesamt 50 Hektar umfassen. 13 Rebsorten wachsen hier, in den besten Lagen der Lagrein, der Pinot Nero, der Chardonnay und der Pinot Grigio. Kraftvolle und elegante Weine bringt das sonnenverwöhnte Unterland mit seinem Kalk- und Dolomitgestein hervor. »Weinbau«, meint Giovanett, »steht auf drei Säulen: Boden, Mikroklima – und Mensch. Der letzte Faktor ist der entscheidende, sonst würden wir hier alle denselben Wein machen.«

In den Ausbau der Weine im Keller rede er seinem Sohn nicht rein – es sei denn, der frage ihn um Rat. Günther Giovanett weiß, wie wichtig es ist, die Kinder eigene Entscheidungen treffen zu lassen. Ursprünglich sollte das Weingut an seinen älteren Bruder gehen. »Als Erstgeborenen hatte mein Vater ihn dafür vorgesehen, obwohl er wenig Interesse zeigte und ich schon als Kind zwischen den Fässern gespielt habe.« Aber zwingen sollte man niemanden, das hat er auch bei seinen Kindern nicht getan.

Es ist später Nachmittag, Alfons Giovanett sitzt auf einer Bank. Sein Haar ist weiß, die Haut braun gebrannt, er hält ein Glas Weißwein in der Hand. »Fast zu perfekt« seien ihm die modernen Castelfeder-Weine, sagt er, dessen Gaumen nach wie vor als unverzichtbar gilt bei internen Verkostungen. »Ich vermisse ein bisschen den unberechenbaren Charakter von früher, als wir mit wilden Hefen gearbeitet haben.«

Da kommt sein Enkel Ivan über den Hof, gerade ist wieder eine Traubenlieferung in der Presse. Wilde Hefen seien ein Risiko, sagt er, jedenfalls bei den vergleichsweise säurearmen Südtiroler Rebsorten, deshalb arbeite man mit Reinzuchthefen. Er habe allerdings ein Projekt mit einem deutschen Kollegen laufen, erzählt der Jungwinzer. An der Mosel hätten sie einen jahrzehntelang brachliegenden Hang neu bepflanzt, mit Rieslingreben. »Und diesen Wein vergären wir mit wilden Hefen!« Sein Opa habe schon den richtigen Riecher. ■

Weingut Castelfeder, Familie Giovanett (E 7) Kurtinig a.d. Weinstraße, F.-Harpf-Str. 15, Tel. 0471 820420, www.castelfeder.it

Schwein gehabt: Pöders Speck stammt von seinen eigenen Tieren

SPECK

Heinrich Pöder

Südtiroler Speck kommt längst nicht immer von Südtiroler Schweinen. Heinrich Pöder ist einer der wenigen Hersteller, die ihre Tiere selbst aufziehen. In seinem Reifekeller hängen neben mehreren Sorten Speck auch köstliche Salamis. Einkauf fast jederzeit möglich (Mittagszeit von 12 bis 14 Uhr lieber meiden), aber Pöder versendet seine Ware auch.
(D 5) St. Pankraz, Außererbhof
Tel. 0473 787147
www.bauernladen.it/poeder-heinrich

Innerplatzerhof

Auf Gotthard Pixners Hof im Eggental leben die Schweine in frischer Bergluft. Den feinwürzigen Speck, den er aus ihrem Fleisch macht, gibt es ganzjährig auf dem Obstmarkt in Bozen und Freitagnachmittags auch ab Hof. Der Ausflug lohnt sich doppelt, weil man hier einen herrlichen Blick auf das Rosengarten-Bergmassiv hat.
(F 5) Steinegg, Innerriedl 201
Tel. 0347 3022345
www.innerplatzerhof.com

WEIN

Ansitz Waldgries

Christian Plattner ist einer der jungen Winzer, die aus der Südtiroler Rebsorte Vernatsch moderne Weine keltern. Sein preisgekrönter St. Magdalener ist gehaltvoll und fruchtig. In der Variante »Antheos« wird er aus Vernatsch-Spielarten gekeltert, gepaart mit alten Sorten wie Gschlafener oder Edelschwarzer.
(F 5) Bozen, St. Justina 2
Tel. 0471 323603, www.waldgries.it

Mittelmeer-Gemüse vom Hochplateau: die Bergartischocke

Weingut Garlider

In bis zu 800 Meter Höhe stehen die Sylvaner-Reben von Biowinzer Christian Kerschbaumer, dadurch haben die Trauben viel Zeit, auszureifen. Probieren sollte man unbedingt den fruchtig-würzigen Grünen Veltliner oder den Blauburgunder. Der ist im Eisacktal eine Seltenheit und war nur als Hauswein gedacht – dann aber zu gut, um ihn für sich zu behalten. Verkauf nach telefonischer Anmeldung.
(G 4) Feldthurns, Untrum 20
Tel. 0472 847296
www.garlider.it

KÄSE

Degust

Hansi Baumgartner ist ein besonders kreativer Affineur. Dem Blauschimmelkäse etwa legt er ein Kleid aus gemahlenen Kakaobohnen an, Schnittkäse lässt er mit Almheu, Kräutern und Bergblüten in Barriquefässern reifen. Für das richtige Klima sorgt ein Bunker aus dem Zweiten Weltkrieg, in dem viele seiner Laibe lagern.
(G 3) Vahrn, Bsackerau 1
Tel. 0472 849873
www.degust.com

Capriz Feinkäserei

Zur Schaukäserei im Pustertal gehören ein Laden und ein Bistro. In stilvoll-modernem Ambiente entstehen aus Kuh- und Ziegenmilch handgeschöpfte Käsespezialitäten – etwa der Camembert »Hofer's Alptraum« mit Schüttelbrotkruste und Cognacaroma oder von Hand gekneteter Mozzarella.
(H 3) Vintl, Pustertalerstr. 1/B
Tel. 0472 869268
www.capriz.bz

BERGARTISCHOCKEN

Obereggerhof

Kann man ein Mittelmeer-Gemüse wie die Artischocke in die Südtiroler Berge verpflanzen? Aber ja! Auf Hochplateaus im Eisacktal baut das Bauernpaar Stefan und Maria Gasser Artischocken an, die aufgrund des Klimas mild und gleichzeitig sehr aromatisch schmecken. Die Gassers beliefern damit mehrere der besten Köche der Region, die zum Beispiel Teigtaschen damit füllen, und verkaufen außerdem auf dem Bauernmarkt in Brixen.
(G 3) Mühlbach, Vals, Unterlände 1
Tel. 0472 541008
www.obereggerhof.it

OBSTBRÄNDE

Brennerei Ortler

2011 funktionierte Alexander Ortler die Garage des elterlichen Hofs zur Brennerei um, inzwischen bekommt er für seine Schnäpse einen Preis nach dem anderen. Der Grappa aus Gewürztraminer und Goldmuskateller, die Erdbeer-, Marillen- und Apfelbrände – alle sind ausgezeichnet. Ortler setzt auf erlesene Früchte, kontrollierte Gärung und lange Lagerung, teils im Holzfass. Jeglicher Zusatz von Zucker oder Aromen ist tabu. Montagabends finden Verkostungen statt, Anmeldung beim Tourismusverein Eppan unter Tel. 0471 662206.
(E 6) Eppan, Kreuzweg 9b
Tel. 0335 1051014
www.ortler.biz

BUSCHENSCHANK

Fronthof

Der schon 1379 urkundlich erwähnte Hof wurde 2014 vom Südtiroler Bauernbund zum »Bäuerlichen Schankbetrieb des Jahres« gekürt. An einem Südhang unterhalb des Schlern-Massivs bietet Familie Kompatscher deftiges Rindsgulasch, aber auch leichtere Gerichte wie mit Brennnesseln gefüllte Teigtaschen an. Dazu gibt es zum Beispiel Sylvaner und Zweigelt aus Trauben von den eigenen Weinbergen. Ein Tipp für Wanderer: Der Oachner Höfeweg führt direkt am Fronthof vorbei.
(G 5) Völs am Schlern, Oberaicha 5
Tel. 0471 601091
www.fronthof.com

Die Lettern (A 1) beziehen sich auf die Karte ab S. 147

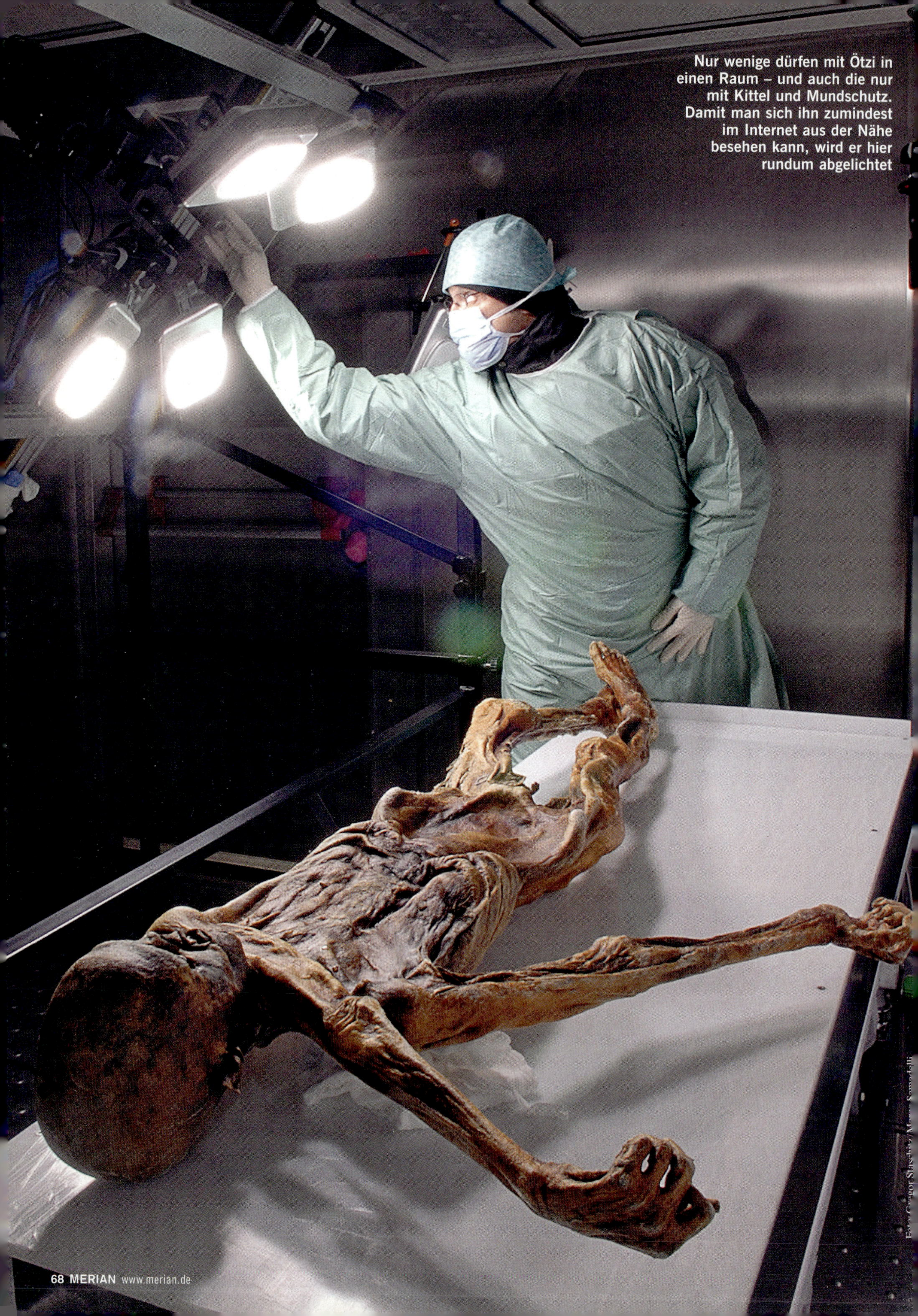

Nur wenige dürfen mit Ötzi in einen Raum – und auch die nur mit Kittel und Mundschutz. Damit man sich ihn zumindest im Internet aus der Nähe besehen kann, wird er hier rundum abgelichtet

Foto: Gregor Staschitz/Marco Samadelli

MUMIENFORSCHUNG

Die Leiden des alten Ötzi

Verkalkte Gefäße, rätselhafte Tattoos, eine geheimnisvolle Schusswunde: Der 5300 Jahre alte, vom Gletscher konservierte Körper ist eine Fundgrube für Wissenschaftler. Sein Gencode ist jetzt entziffert – und wirft neue Fragen auf

TEXT **BURKHARD STRASSMANN**

Ein Toter mit Beil und Bärenfell

Ötzi wurde auf 3210 Meter Höhe in einer Felsmulde oberhalb des Tisentals entdeckt (Foto rechts). Die Mütze, die er bei sich hatte, besteht aus Bärenfell, seine Innenschuhe aus Grasschnüren. Er stopfte sie mit Heu aus und zog darüber Galoschen aus Hirschleder. Besonders interessant ist sein Beil mit dem Schaft aus Eibenholz und der Klinge aus Kupfer – damals das beste und teuerste Material

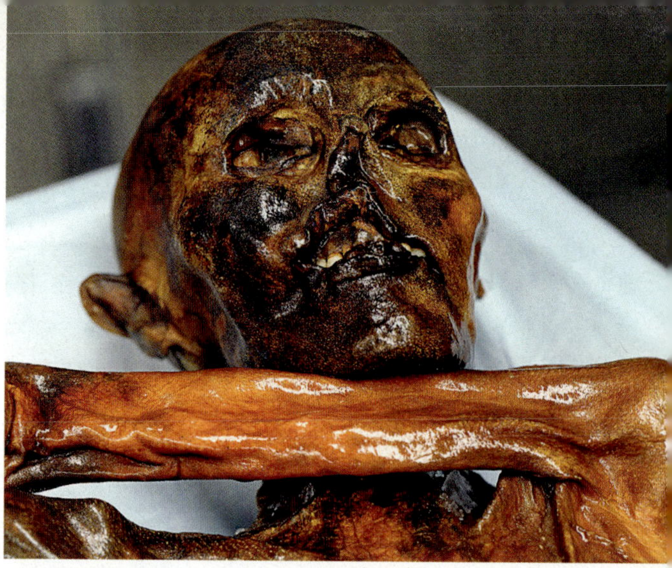

Durch ein kleines Fenster mit Panzerglas fällt der Blick auf ein braunschwarzes Menschenbündel aus Haut und Knochen, 1,60 Meter groß, mit einem bizarr nach rechts geknickten linken Arm und einer scheinbar angefressenen Hüfte. Die Augenhöhlen liegen bloß, eine Hand wirkt verkrampft. Der ganze Körper ist von einer dünnen Eisschicht überzogen. Eine Temperatur von minus 6,01 Grad Celsius, so ist auf einem digitalen Anzeigegerät zu lesen, herrscht in seiner kleinen Kammer. Auch das Gewicht wird verraten: 15,018 Kilogramm. Ein außergewöhnlich gut erhaltener Körper, dem die Jahrtausende im Eis nichts als das Wasser entzogen haben. Wäre er nicht so über alle Maßen alt, könnte man sagen: Er ist das Lieblingskind der Wissenschaftler.

In der Kühlzelle des Bozener Archäologiemuseums wird der gefriergetrocknete Leichnam ständig überwacht. Forscher nennen ihn »Homo tyrolensis« oder »Neolithic Iceman«. Sein Spitzname: Ötzi.

Fast 5300 Jahre lang hatte der Tote in einem Gletscher der Ötztaler Alpen seine Ruhe. Dann, im warmen Sommer 1991, spuckte der ihn aus. Die Entdeckung war eine Sensation: die älteste jemals entdeckte Feuchtmumie, zudem in einem fantastischen Zustand und mit viel Werkzeug und Kleidung versehen. Auf einen Schlag war es mit der Ruhe vorbei, der Mann aus dem Eis wurde Gegenstand öffentlicher Neugier und Schaulust.

Jedes Jahr kommen etwa 250000 Besucher in die Bozener Museumstraße, um ihn zu sehen. Das braune Bündel ist zu einem Aushängeschild Südtirols geworden – und zum Wirtschaftsfaktor. Vor allem aber ist Ötzi ein Wissenschafts-Superstar, eine archäologische Sensation, ein einzigartiger und auch mehr als zwanzig Jahre nach seiner Entdeckung unablässig sprudelnder Quell neuer Erkenntnisse.

Ötzi sei Österreicher, so befand man anfangs aufgrund des Fundortes. Er wurde zunächst im Frostkeller der Innsbrucker Anatomie untersucht. Präzise Landvermessung ergab später, dass der Fundort doch in Südtirol liegt, so wurde die Mumie nach allerlei Streitereien 1998 nach Bozen überführt. Wegen des enormen internationalen Interesses gründete die Europäische Akademie Bozen 2007 das weltweit erste Institut für Mumienforschung.

Es ist fünf Autominuten vom Museum entfernt in der Landesfachschule für Gesundheitsberufe untergebracht. Ein paar Laborräume, ein unauffälliges Büro. An der Wand stapeln sich Kartons bis unter die Decke. »Alles Knochen«, sagt der Paläopathologe Albert Zink, »Skelettteile von Fundstätten in Südtirol und im Trentino. Hundert Individuen aus der frühen Bronzezeit.« Potenzielle Verwandte von Ötzi also, nur leider keine engen Verwandten, das haben DNA-Untersuchungen gezeigt. So bleibt offen, woher er stammt, der rätselhafte Mann.

Zink ist eigentlich Biologe, hat sich aber schon früh für Pathologie und Gerichtsmedizin interessiert – und kam so zur Paläopathologie. Vor Ötzi forschte er an ägyptischen Mumien. Sein Interesse galt immer ihren Krankheiten und damit auch ihrem Lebensstil. Tuberkulose oder Pest, Sklerose und Zahnerkrankungen vor drei- oder fünftausend Jahren zu studieren, könne die heutige Medizin weiterbringen. »Und wenn ich weiß, woran jemand gelitten hat und gestorben ist, erfahre ich die Wahrheit über sein Leben«, sagt Zink. Ein gutes Beispiel ist Tutanchamun, der altägyptische König, der im 14. Jahrhundert vor Christus lebte: Mit Kollegen nahm Zink eine aufwendige Untersuchung von Gewebeproben der Mumie vor – und räumte mit einer verbreiteten glorifizierenden Sicht auf den jung gestorbenen Pharao auf: »Das war ein ganz armer Kerl. Er litt an einem entzündeten Fuß und hatte Malaria.«

Auch Europas berühmteste Mumie hat beachtliche Erkenntnisse gebracht. Anfang 2012 veröffentlichte eine Gruppe von Forschern unter Leitung Zinks eine bahnbrechende Studie: Fast das komplette Genom der Gletschermumie war entziffert. Wie man aus einem mehr als 5000 Jahre alten Knochen genetische Informationen ziehen kann? Zink deutet auf die Laborräume, speziell für die Arbeit mit alter DNA hermetisch abgeriegelt. Im linken Hüftbereich ist die Mumie beschädigt, die Forscher konnten dort ein wenig Knochenmaterial entnehmen, etwa 100 Milligramm. Diese winzige Menge wurde zerrieben und gereinigt, so konnte noch in Zellkernen vorhandene DNA extrahiert werden.

»Auf gar keinen Fall darf heutige mit alter DNA vermischt werden«, sagt Zink. Deshalb dürfen die Labore nur mit Ganzkörper-Schutzanzug und doppelten Handschuhen betreten werden.

Bei der kalifornischen Biotechnologiefirma Life Technologies wurde die DNA sequenziert, sprich die Reihenfolge ihrer Basen bestimmt. Und mit dem Wissen über Ötzis genetische Grundausstattung wurde nun Schlag auf Schlag jede Menge Neues über den Alten herausgefunden – zum Beispiel, dass er keineswegs, wie man bisher zu wissen glaubte, blaue Augen hatte. Seine Augenhöhlen

MERIAN | INFO

Südtiroler Archäologiemuseum
Hier liegt er, ein sehr alter Mann mit sehr vielen Fans. Besucher sehen Ötzi durchs Fenster, eine Ausstellung auf drei Etagen zeigt, wie er gelebt haben könnte.
(M 6) Bozen, Museumstr. 43
www.iceman.it
Wer Ötzi im Detail anschauen möchte: Bilder der Eismumie zeigt
www.icemanphotoscan.eu

Mord- oder Unfallopfer?

Niemand weiß, woran der Mann aus dem Eis gestorben ist. Besucher des Bozner Archäologiemuseums blicken durch ein 40 mal 40 Zentimeter großes Fenster in seine Kühlzelle. An der Leiche haben Forscher 61 Tätowierungen entdeckt, ihre Bedeutung ist ungeklärt, große parallele Striche sind etwa im Lendenwirbelbereich zu sehen

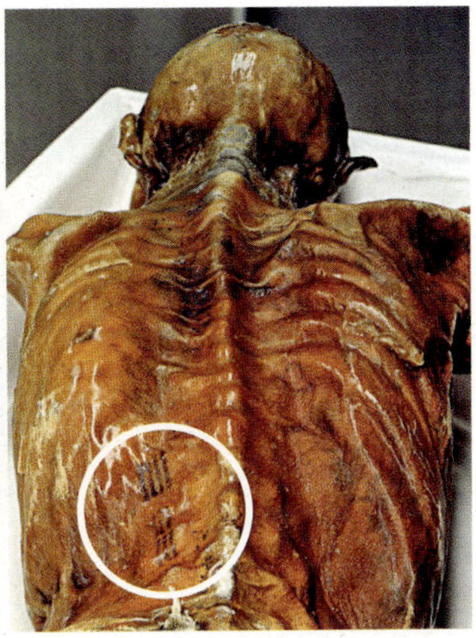

sind leer, Pigmente wurden nicht nachgewiesen, daraus hatten die Forscher auf Blau geschlossen. Das Erbgut zeigt, dass Ötzi mit einer Wahrscheinlichkeit von 95,7 Prozent grünbraune oder braune Augen hatte – mit wiederum größerer Wahrscheinlichkeit, dass sie schlicht braun waren.

Spannend waren auch die Untersuchungen zu Ötzis Verwandtschaft. Auf jedem Y-Chromosom gibt es variable Bereiche, die keine Gene enthalten, aber eine Einteilung sogenannter Haplogruppen erlauben. Personen mit der gleichen Haplogruppe haben entwicklungsgeschichtlich einen gemeinsamen Ursprung. Daraus lassen sich Bevölkerungsbewegungen ableiten, etwa die Besiedlung von Kontinenten. Ötzis Y-Haplogruppe ist heute in Europa selten, nur auf Sardinien und Korsika findet sie sich häufiger, was jedoch nicht bedeutet, dass er von einer dieser Inseln stammt. Seine Ahnen wanderten vermutlich vor etwa 7000 Jahren im Neolithikum nach Europa ein und breiteten sich dort aus.

Die DNA der Eismumie lieferte auch verblüffende Informationen über Ötzis physische Verfassung. Die Wissenschaftler stellten fest, dass der Mumifizierte einst unter Erkrankungen litt, die man für typisch moderne Lifestyle-Beschwerden hält. Auf seine verkalkten Blutgefäße war man schon früh aufmerksam geworden. Jetzt wissen die Forscher: Ötzis Probleme mit dem Herzen waren genetisch bedingt. Außerdem ist er der früheste bekannte Fall einer Erkrankung an Borreliose. Wahrscheinlich hatte ihn eine Zecke gebissen.

Und auch das kommt dem modernen Menschen bekannt vor: Ötzi litt an Laktoseintoleranz – wobei »litt« nicht ganz richtig ist. Abgesehen vom Babyalter war das damals die Norm. Die Fähigkeit mancher Menschen, Milchzucker zu verdauen, verbeitete sich erst später, als das mit der aufkommenden Viehwirtschaft zum Vorteil wurde.

Im Zentrum der aktuellen Mumienforschung stehen die verkalkten Gefäße – wegen der damit einhergehenden Herz-Kreislauf-Erkrankungen. In der »Horus-Studie«, einer internationalen Untersuchung von 2013, wurden 137 Mumien, die meisten aus Ägypten und Peru, in einen Computertomografen geschoben, um die Blutgefäße zu untersuchen. Die Überraschung: Gut ein Drittel war an Arteriosklerose erkrankt. Das stützt die Resultate der Ötzi-DNA-Forschung. Und es hat Konsequenzen für die Moden in unserer Ernährung. Man nehme nur die Paläo-Diät, deren Motto lautet: Essen wie der Steinzeitmensch. Sie soll gegen Zivilisationserkrankungen schützen. Was aber, wenn unser Lifestyle viel weniger mit unserer Gesundheit zu tun hat als unsere DNA?

Albert Zink fühlt sich seinem Forschungsobjekt mittlerweile auf eine abstrakte Weise verbunden: »Sein Schicksal, seine Gedanken und Gefühle interessieren mich auch. Ich würde gern sein ganzes Leben rekonstruieren.« Doch immer noch weiß niemand, wer Ötzi wirklich war. Krieger, Magier, Händler? War er reich, weil er ein Kupferbeil bei sich trug, als er starb? Wurde er ermordet, so wie es viele, die über ihn schreiben, gern hätten? Dass er keines natürlichen Todes starb, ist aufgrund seiner Schussverletzung klar. Wurde er überfallen? Oder aus einem anderen Grund rücklings erschossen? War er auf der Flucht, auf der Jagd? Nicht mal sicher ist, ob er starb, weil ein steinerner Pfeil seine Bauchaorta traf oder weil er stürzte und ein Schädelhirntrauma erlitt. Womöglich hat ihn auch jemand erschlagen.

Restlos aufgeklärt werden diese Fragen wohl nie. Der Fall wird irgendwann zu den Akten gelegt werden müssen. Zink sagt, er verspüre »Respekt vor dem Alten«. Er könnte sich sogar vorstellen, Ötzi »in naher Zukunft« in Ruhe zu lassen. Doch da würden seine Kollegen Einspruch erheben. Und Zink weiß es ja selbst besser. Soeben hat er mit anderen Forschern ein optisches Verfahren an Ötzis Hautoberfläche getestet – und eine Reihe bisher unbekannter, für das bloße Auge nicht sichtbarer Tattoos gefunden. Sie liegen nahe den klassischen Akupunkturpunkten, die die traditionelle chinesische Medizin Bauchschmerzen und Gallensteinen zuordnet.

Und erst richtig los geht es bei den Mikrobiologen. So säuberlich die Genforscher bei der DNA-Extraktion aus Knochenmehl vorgegangen waren – sie entdeckten doch immer wieder Fremd-DNA. Heute weiß man, warum: Es handelte sich um 5000 Jahre alte Bakterien. Ob die uralten Mikroorganismen Ötzi krank machten oder ihm bei der Verdauung halfen? Ob sie sogar noch leben und bei geänderten Konservierungsmethoden zur Gefahr für die Mumie werden könnten? Je genauer man in diesen Mann hineinschaut, desto mehr entdeckt man. Auch wenn hinter vielen Entdeckungen Fragezeichen stehen. ■

Burkhard Straßmann, *Autor aus Hamburg, hatte Mühe, Ötzi in Bozen zu finden, nicht einmal die Polizei konnte helfen. Der Grund: Die Italiener kennen ihn nicht als »Ötzi«. Für sie ist er der »Uomo venuto dal ghiaccio« – »Mann aus dem Eis«.*

HIMMEL, WIR KOMMEN!

Die Südtirolerin Tamara Lunger ist eine der weltbesten Bergsteigerinnen. Als unser Autor mit ihr auf dem DOLOMITEN-HÖHENWEG wandert, merkt er schnell: Das ist kein Spaziergang

TEXT **MORITZ BAUMSTIEGER** FOTOS **GREGOR LENGLER**

Da möchte man mit den Wolken fliegen – oder mit den Kühen Siesta halten: Profi-Alpinistin Tamara Lunger und Autor Moritz Baumstieger auf dem Hochplateau Walsche Platz in rund 2200 Metern Höhe

Ein Stück Kanada im Norden Italiens: Der Pragser Wildsee ist ideal für eine gute Erfrischung, wärmer als 14 Grad wird das Wasser hier selten. Oder aber man nimmt das Boot, um die schönste Grünfläche der Dolomiten zu erkunden

Mit Stock durch Stein: Der Höhenwanderweg führt zu mehreren Felstunneln, dieser liegt im Höhlensteintal zwischen Dürrensteinhütte und Dreizinnenhütte

DURCHATMEN UND ÜBER DEN DINGEN STEHEN

NICHTS KANN DIESEN ZAUBER TRÜBEN

Alles ist hier oben möglich, auch Schnee im August: Wolken hängen vor den Drei Zinnen, eine weiße Decke liegt auf der Dreizinnenhütte, Ziel der dritten Etappe auf dem rund 65 Kilometer langen Hochpustertaler Dolomiten-Höhenweg

MERIAN | VITA

Tamara Lunger, Jahrgang 1986, ist Profi-Bergsteigerin und lebt im Eisacktal. 2010 erreichte sie als bisher jüngste Frau den Gipfel des Lhotse (8516 Meter). Nach weiteren Expeditionen nahm sie den K2 in Angriff, den zweithöchsten Berg der Erde, der als schwierigster Achttausender gilt. Lunger erreichte den Gipfel am 26. Juli 2014 ohne künstlichen Sauerstoff und die Hilfe von Trägern. Zwischen den Expeditionen nimmt Lunger an Langstrecken-Rennen teil – im Sommer 2014 gewann sie etwa gemeinsam mit einer Partnerin den Gore-Tex Transalpine Run, bei dem die Teilnehmer in acht Tagen die Alpen überquerten.

DEN HÖHENWEG immer im Blick – auch Profis wie Tamara Lunger brauchen gute Karten

DIE ERSTE ETAPPE von Prags nach Brückele steigt anfangs nur leicht an

Der Pragser Wildsee glitzert neben dem Weg, wenn die Sonne durch die lockeren Wolken blinzelt, wechselt er die Farbe, von tiefem Smaragd- zu hellem Flaschengrün. Die Felswände, die am Ufer aufragen, spiegeln sich im Wasser, und aus dem Tal, das sich vom hinteren Ende des Sees in die Berge gräbt, ergießen sich Ströme von Kies, die als weißer Strand am Ufer münden. Es ist schön hier, keine Frage. Sehr schön sogar. Verweilen mag Tamara Lunger trotzdem nicht, im Gegenteil: Sie spurtet den Weg entlang.

Und so zieht der erste Höhepunkt unserer Wandertour an uns vorbei wie die Landschaft am Fenster eines ICE. Vielleicht muss das so sein, schließlich sind wir, der Fotograf Gregor und ich, nicht mit irgendeiner Bergführerin unterwegs. Tamara Lunger ist eine der besten Bergsteigerinnen der Welt. Sie hat als jüngste Frau den Achttausender Lhotse zwischen Nepal und China bestiegen. Bei Langstreckenrennen durch die Alpen ist sie stets unter den Schnellsten, und sie wandert durch die Dolomiten, seit sie laufen kann. So jemand muss ein anderes Tempo haben als wir.

Vom Pragser Wildsee, an dem Tamara gerade andere Ausflügler wie Slalomstangen hinter sich lässt, möchten Gregor und ich in die Berge hineinlaufen. Auf dem Hochpustertaler Dolomiten-Höhenweg wollen wir über die Alm Plätzwiese auf Gipfel steigen, dann das tiefe Tal durchschreiten, das die Pragser von den Sextner Dolomiten trennt. Wir wollen uns die berühmten Drei Zinnen aus der Nähe ansehen. Und eigentlich haben wir uns vorgenommen, uns für all das ausgiebig Zeit zu nehmen, von nichts und niemandem getrieben zu sein.

Tamara begleitet uns, weil sie uns ihre Heimat zeigen möchte. Sie ist in diesen Bergen groß geworden, ihre Eltern bewirten eine Hütte über dem Eisacktal am Latzfonser Kreuz, einem der höchstgelegenen Wallfahrtsorte Europas. Dort versorgte Tamara als Kind Bergsteiger mit Speckknödeln und Spiegeleiern, und wenn es abends ruhiger wurde, genoss sie den Blick auf die Hohe Gaisl. Im Moment zeigt die Super-Alpinistin uns ihre Rückseite, Menschenmengen scheinen bei ihr Fluchtreflexe auszulösen – zumindest, wenn sie wie jetzt aus der Einsamkeit des Himalaya kommt. Es ist erst wenige Wochen her, dass sie dort ohne künstlichen Sauerstoff und Träger den Achttausender K2 bestiegen hat.

Wir biegen vom Rundweg um den See auf einen kleinen Pfad ab und sind mit einem Mal ganz allein. Aber Tamara wird nicht langsamer. Der Weg schlängelt sich durch ein Schotterkar, man möchte stehen bleiben, den Blick um 360 Grad schwenken, noch mal und noch mal auf den See blicken, der jetzt in seiner ganzen Schönheit hinter uns liegt, und auf die Hohe Gaisl, die sich wie ein versteinerter Sahnehaufen vor uns auftürmt. »Das Licht ist grad super, Tamara«, ruft Gregor, und dass er jetzt Fotos machen möchte. Und innerlich rufe ich laut ›danke!‹.

Tamara bleibt auch stehend in Bewegung, zupft eine Quaste junger Nadeln von einer Latschenkiefer und beißt hinein. »Die kann man essen«, sagt sie mit Südtiroler Schlag, neulich habe sie Honig mit Latsche probiert. »Der war so saugut – so was gibt es nur bei uns.« Einmalig sind diese Berge für sie, immer wieder zieht es sie zurück nach Südtirol. Auch wenn heute die Gipfel dieser Welt Tamaras Revier sind, wenn sie in Nepal, Pakistan oder Island viel höher kommt als hier: Die Dolomiten

DER ANSTIEG Richtung Rossalm ist für die Profi-Bergsteigerin leichtes Training

DIE ROSSALMHÜTTE liegt in 2164 Metern Höhe – ideal für eine Pause mit Aussicht

sind ihr Abenteuerspielplatz, ihr vertrautes Trainingsgelände. Um für ihre Spezialdisziplin, lange Wettrennen im alpinen Gelände, fit zu bleiben, schlüpft sie fast jeden Tag in ihre schnellen Schuhe und zieht los. »Ich glaube, es sind nicht die Berge allein, die die Dolomiten so besonders machen«, sagt sie, »sondern auch das ganze Drumherum: die Bauern, die Hütten, die Tradition, ein bisschen auch die Religion.«

Wir erreichen ein Hochplateau mit einem Panorama wie auf einer Fototapete: Weit in der Ferne stechen die Drei Zinnen in den Horizont, gleich vor uns liegen ein paar Kühe faul im Gras und kauen. Auf der Rossalm, ein Stück den Berg hinunter, ließe sich jetzt prima eine kleine Siesta machen. Doch Tamara will unten in Brückele den Bus erwischen. »Ich muss heute noch ein bisserl trainieren«, sagt sie.

Sie erwischt den Bus in letzter Sekunde – und da unser Plan sowieso vorsah, im Tal zu übernachten, springen wir mit hinein. Es ist erst Nachmittag, warum sollten wir uns nicht noch einmal den Pragser Wildsee angucken, diesmal ganz in Ruhe? Die Tagestouristen sind weg, die Stimmung gefällt auch Tamara so gut, dass sie das Training sausen lässt. »Ich bin noch nie gerudert!«, ruft sie. Als wir mit dem Boot vom Verleih auf die letzten Sonnenstrahlen zusteuern, versucht sie es, zieht die Hölzer mit Tempo durchs Wasser – und schaufelt dabei eine Menge davon ins Boot. Ich übernehme und rudere uns langsam durch das Grün. Wir nehmen Fahrt auf, manchmal, denke ich, kommt man mit Ruhe besser voran.

Am nächsten Tag setzen Gregor und ich unsere Tour in Brückele fort, in gemächlichem Tempo. Die Etappe zur Plätzwiese, einer weiten Almfläche, ist nicht allzu lang, wir bummeln über Wiesen, die jetzt im Spätsommer erst so richtig aufzublühen scheinen. Nach und nach finden wir in unseren eigenen Takt, unseren eigenen Rhythmus. Und als sich das Wetter am Nachmittag ein wenig eintrübt, gehen wir das letzte Stück zur Dürrensteinhütte einfach nicht weiter. Hier auf der Plätzwiese, in 2000 Metern Höhe, mitten im schönsten Panorama, steht das Berghotel »Hohe Gaisl« und hat ein Zimmer für uns frei. Ein beeindruckender Bau mit dicken, alten Steinmauern und einem alten, holzgetäfelten Speisesaal, Kaiserin Sisi würde hier besser ins Bild passen als abgekämpfte Wanderer wie wir.

Am nächsten Morgen erreichen wir nach kurzem Aufstieg den Gipfel des Strudelkopfs, dessen Kreuz auf 2307 Metern steht. Von dort oben geht es 900 steile Meter hinab ins Höhlensteintal, dahinter grüßen wieder die Drei Zinnen, heute etwas schüchterner. Sie hüllen sich in Wolken und zeigen mal zwei ihrer gigantischen Felsnasen, dann nur eine, dann wieder alle drei. Obwohl wir noch einiges an Weg vor uns haben, bleiben wir lange auf einem kleinen Felsabsatz am Gipfel hocken, gucken ins Tal und auf die Berge, die sich dahinter auftürmen. Wir teilen eine Tafel Schokolade und reden über Gott und die Welt und alles, was dazwischen sein könnte.

Der Weg ins Tal ist schmal und führt über Felsstürze, jeder Schritt erfordert Konzentration, wir verstummen. Als wir die Baumgrenze erreichen, zieht Nebel auf, der auch jedes Geräusch um uns herum zu schlucken scheint. Von den Bäumen am Weg hängen dichte Flechten, Gregor macht irgendwo Fotos, ich kann ihn nicht mehr sehen, bin mit mir und meinen Gedanken alleine. Mein gefühltes Wandertempo ist jetzt von ICE auf gemütliche Straßenbahn gedrosselt. Mein Kopf wandert in alle Richtungen. Und irgendwann, als ich mal wieder auf meine Füße blicke, wird mir bewusst, dass sie wie von selbst laufen. Ohne Hast und fühlbare Anstrengung. Tripptrapp, linksrechts, einatmen, ausatmen.

Für die erste Kuh und uns ist der Weg zur Dreizinnenhütte noch breit genug. Den nächsten vier Tieren können wir ausweichen – doch nach weiteren sieben geht nichts mehr. In einer endlosen Prozession trotten 99 Südtiroler Viecher dem Tal entgegen, wir haben sie nicht gezählt, der Senner hat es uns verraten. Wir sind in den letzten Tagen immer langsamer geworden, nun versetzt uns diese Herde fast in Zeitlupe. »Schneien wird's in der Nacht, wir müssen runter!«, ruft der Senner. Schnee? Im Sommer?

Das Ende des Tals sperrt eine Felsstufe mit einem Wasserfall ab, es beginnt zu tröpfeln. Gregor geht schneller. Als eine halbe Stunde später noch immer keine Hütte, sondern wieder nur eine weitere Felsstufe zu sehen ist, lasse ich ihn ziehen. Wie nass ich werde, ist mir egal. Ich lasse mir mein Tempo nicht mehr vorschreiben, von keiner Tamara, keinen Kühen, keinem Gregor und keinem Regen. Die Drei Zinnen tauchen vor mir aus den Wolken auf und verschwinden gleich wieder, als wollten sie mir zunicken und sagen: »Richtig so!« Als der Regen meine Jacke aufgeweicht hat, endlich: die Dreizinnenhütte.

Die Stube ist gut beheizt und gesteckt voll, an den Fenstern kondensiert der Dunst. Die Wände sind mit Artefakten aus der Frühzeit des Alpinismus geschmückt, alte Pickel, morsche Seile und dazwischen Schwarz-Weiß-Fotos. Sie zeigen Soldaten, im Ersten Weltkrieg verlief die Alpenfront direkt vor der Hütte, in einem Abnutzungskrieg zermürbten sich hier Österreicher und Italiener. Tagsüber haben wir Überreste von Unterständen am Wegesrand gesehen, sind durch Tunnel geklettert, die damals in den Fels gesprengt wurden.

Als die Kellnerin uns Linzer Nusstorte und Cappuccino bringt, denke ich: Österreich auf dem Teller und Italien in der Tasse – hier und jetzt wirkt das sehr harmonisch. Mein Körper freut sich über Zucker und Koffein. Doch selbst ein zweiter Cappuccino kann nicht verhindern, dass die Augenlider schwer werden und die Stimmen um mich herum zu Gemurmel zerfließen.

Hugo Reider weckt mich wieder auf. Der 61-Jährige arbeitet als Anwalt in Bozen und betreibt diese Hütte. Sein Vater baute das Haus nach dem Zweiten Weltkrieg zum Bergsteigerstützpunkt aus, der Sohn wuchs zwischen Alpinisten auf, die die Hütte als Basislager für ihre Erstbegehungen nutzten. »Die haben wochenlang bei uns gewohnt – oder irgendwann vor der Tür gezeltet, wenn ihnen das Geld ausging«, erzählt Reider. Später seien normale Bergsteiger gekommen, drei Führer waren engagiert, um sie auf die Gipfel der Umgebung zu begleiten. »Heute bleiben die meisten nur eine Nacht und dann geht es weiter, so wie bei euch.« Selbst hier auf 2438 Metern ist die Ruhe schnelllebiger geworden.

Die Drei Zinnen faszinieren Reider, obwohl er sie schon sein Leben lang vor Augen hat. Wenn morgens der Frühstücksrummel vorbei sei, versinke er auf der Terrasse manchmal fast im Nirwana. »Jeden Tag schauen die Zinnen anders aus – ich habe schon mehrere Festplatten voll mit Fotos, muss aber immer wieder neue machen«, sagt er.

Am nächsten Morgen sind die Berge weiß. Der Senner hatte recht, es hat tatsächlich geschneit, Wiesen und Geröllfelder sehen aus wie überzuckert. Die Drei Zinnen ragen aus dem Schotter wie Zähne aus einem gigantischen Unterkiefer. Unsere Tour wie geplant fortzusetzen, wäre keine gute Idee. Wege und Markierungen sind verschneit, der Stein ist rutschig. Wir können nur auf der Terrasse sitzen und uns die Finger an heißen Tassen wärmen.

Das Wetter hat uns zum Stehen gebracht, uns mitten in den Sextner Dolomiten den Weg abgeschnitten. Ich denke an die Worte von Hüttenwirt Reider: »Hier oben diktiert die Natur den Rhythmus.« Schade. Ich hatte meinen gerade gefunden. ■

Moritz Baumstieger, *Autor aus München, ging es an die Bergsteiger-Ehre, von einem Hamburger Fotografen abgehängt zu werden. Er trug aber auch einen Großteil von dessen Gepäck.*

Gregor Lengler, *Fotograf, fährt schon seit seiner Jugend regelmäßig in die Dolomiten zum Wandern – langweilig wird ihm das nie.*

MERIAN | WANDERUNG

Der Hochpustertaler Dolomiten-Höhenweg ist eine anspruchsvolle Fünf-Tages-Tour durch die Pragser und die Sextner Dolomiten. Unterwegs kann man in verschiedenen Schutzhütten übernachten. Der Weg führt vom Pragser Wildsee über Brückele zum Dürrenstein, weiter zur Dreizinnenhütte, dann über die Talschlusshütte bis nach Moos. Von dort gibt es eine Busverbindung zurück nach Prags. Eine Vorbuchung der Hütten ist erforderlich! Außerdem gute Kondition.

Jede Tour ein Naturschauspiel

Grob geschätzt 17 000 Kilometer Wanderwege führen durch Südtirol. Sicher ist: Jeder hat Hunderte Möglichkeiten, in diesen Bergen unterwegs zu sein – ob gemütlich durch Täler von Alm zu Alm oder durch Eis und Schnee auf schroffe Dreitausender

Um die passende Wanderung zu finden, lohnt es sich, bei den Tourismusvereinen vor Ort nachzufragen – oder beim Wirt im Hotel oder Restaurant. Die Einheimischen kennen sich oft bestens aus und geben in der Regel gern Tipps für passende Touren. Ein paar Vorschläge:

Sehnsuchtsziel: Der Ortler ist mit 3905 Metern Südtirols höchster Gipfel

TAGESTOUR

Adolf-Munkel-Weg, Dolomiten (5 Std.)
Diese landschaftlich sehr schöne Wanderung erfordert nicht allzu viel Kondition, auch trittsichere Kinder haben hier keine Probleme. Auf dieser Route sind oft viele Wanderer unterwegs, trotzdem lohnt sich die Tour, die unterhalb der Geislerspitzen von der Zanser Alm auf 1680 Metern entlang dem Tschantschenon-Bach zur Großgrube und weiter zur Gschnagenhardt-Alm auf rund 2000 Metern führt. Dort angekommen, genießt man eine traumhafte Aussicht und kann sich von Familie Profanter mit selbst gebackenem Kuchen verwöhnen lassen. Der Abstieg führt über die Dusleralm zurück nach Zans.

Dolomieu-Weg, Eisacktal (3 Std.)
Sechs Almen liegen am Weg, eine schöner als die andere und jede mit Sonnenterrasse. Ausgangspunkt ist die Bergstation der Rosskopfseilbahn, von dort geht's über die Kuh- und Ochsenalm in Richtung Ladurns bis zur Allrissalm im Talschluss von Pflersch. Die Tour bietet einen tollen Blick auf den Alpenhauptkamm – von dem der französische Abenteurer Deodat de Dolomieu hier im 18. Jh. allerdings den Blick lösen konnte. So entdeckte er ein neues kalkartiges Gestein, das man als Dolomitgestein bezeichnete und das später diesen Bergen ihren Namen gab.

KLEINE TOUR MIT KINDERN

Bletterbachschlucht, Aldein (2,5 Std.)
Eine Wanderung durch 280 Millionen Jahre Erdgeschichte – und auf den Spuren der Dinosaurier. 16 Tafeln erklären entlang dem Weg die Schichten der hoch aufragenden Felswände – spannend für Erwachsene und Kinder zugleich. Auch geführte Touren sind möglich.

HOCHALPINE TOUR

Ortler-Aufstieg, Vinschgau (7 Std.)
Der Name führt in die Irre: Der Ortler-Normalweg ist kein normaler Weg. Die kombinierte Gletschertour auf den höchsten Berg der Ostalpen, den Ortler, führt bis auf 3905 Höhenmeter. Erfahrung mit Fels und Eis und gute Kondition sind zwingend erforderlich. Wer mit solchen Touren keine Erfahrung hat, sollte diese nicht ohne Bergführer unternehmen. Aber: Die Anstrengung lohnt sich. Auf dem Dach Südtirols zu stehen, ist ein einmaliges Erlebnis!

Zeitreise: eine Wanderung durch die Bletterbachschlucht – und die Erdgeschichte

THEMEN-WANDERUNGEN

Marlinger Waalweg bei Meran (3,5 Std.)
Vor 250 Jahren angelegt, ist dieser Weg der längste entlang der Waale, einem ausgeklügelten System aus Bewässerungskanälen in den Südtiroler Bergen. Am Anfang ist der Wanderweg schroff und felsig, später läuft man entspannt durch Kastanienhaine und Apfelgärten. Im Sommer spenden die Bäume angenehmen Schatten. Und unterwegs eröffnen sich wundervolle Panoramen auf Marling, Meran, das Etsch- und das Passeiertal. Wer den Ausblick bei einer Brotzeit genießen möchte: Kleine Hofschenken laden zum Rasten ein.

Terlaner Weinweg, Etschtal (1,5-2 Std.)
Oberhalb des Örtchens Terlan führt dieser Weg durch Weinberge und hübsche Siedlungen. Zahlreiche Schautafeln informieren über die Geschichte und Kultur des Weinanbaus. Auch eine geführte Wanderung mit Weinverkostung in der Kellerei Terlan ist möglich.

Nützliche Websites für die Planung:
www.trekking.suedtirol.info
www.alpenverein.it, www.sentres.com

Foto: Gregor Lengler, Südtirol Marketing/Clemens Zahn

Faszination Südtirol mit MERIAN erleben!

7 Nächte p.P. ab € 1.199,-

Genießen Sie Südtirol. In keiner anderen Region treffen Nord und Süd so harmonisch aufeinander, vereinen sich schroffe Bergwelten, alpiner Lifestyle und mediterrane Leichtigkeit. Gemeinsam mit der **MERIAN-Redaktion** entdecken Sie auf der Reise die Besonderheiten dieses Landstriches. Erkunden Sie bei einer Wanderung die Dolomiten, erleben Sie geschichtsträchtige Städte wie Bozen, Bruneck oder Sterzing und lassen Sie sich von kulinarischer Vielfalt verzaubern. Ihr komfortables Hotel liegt direkt im Naturpark „Schlern-Rosengarten" Seiser Alm. Sympathische Gastgeber, ein exklusives Programm sowie die ein oder andere Überraschung werden Sie begeistern. Kommen Sie mit nach Südtirol!

Termin: 15. September bis 22. September 2015

Preise pro Person bei eigener Anreise: Arrangementpreis in einem Doppelzimmer: € 1.199,-
Arrangementpreis in einem Einzelzimmer: € 1.399,-

Und das erwartet Sie (Auszüge aus dem Programm):

- 7 Nächte im 4-Sterne-Hotel »Steger Dellai«
- Unterbringung in einem Doppelzimmer mit Frühstücksbuffet
- 6 x 4-Gänge-Wahlmenü zum Abendessen
- 1 x Gala-Dinner inkl. Weinbegleitung am letzten Abend
- 5 x Lunchpaket für die Ausflüge
- 2 geführte Wanderungen mit typischer Brotzeit und Hütteneinkehr
- Atelierbesuch bei Walter Moroder inkl. Einblick in das Werk des großartigen Holzbildhauers
- Besuch des Messner Mountain Museum Sigmundskron
- Geführter Stadtrundgang in Bozen mit Snack
- Besuch der Feinschmecker-Adresse »Pretzhof« im Pfitschertal mit anschließender Mittags-Vesper
- Kommentierte Weinprobe mit Marende und Wasser
- Alle Transfers vor Ort per Bus gemäß Routenverlauf
- Reisebegleitung durch die **MERIAN-Redaktion**

Veranstalter:
htc hemmers travel consulting GmbH,
Joseph-von-Fraunhofer-Straße 9,
53501 Grafschaft
www.htc-reisen.de

Hinweis:
Mindestteilnehmerzahl: 15 Personen. Wird diese nicht erreicht, werden Sie spätestens vier Wochen vor Reisebeginn über das Nichtstattfinden der Reise informiert

Mehr Informationen:
Im Internet unter **www.merian.de** oder Sie rufen einfach die Buchungs-Hotline an: **0 26 41 – 94 60 66** (Mo bis Fr 9 – 18 Uhr). Bitte nennen Sie den Buchungscode »MERIAN Südtirol«

Das süße Warten

Der Stau am Brenner gehörte jahrzehntelang zur Fahrt in den Süden. Ein Stillstand, der die Vorfreude oft noch steigerte. Heute sollen Schnäppchen im Outlet-Center Reisende zum Halten bringen. Tinka Dippel über Sehnsüchte und Ausverkauf

An Grenzen stauen sich Menschen, Autos und Sehnsüchte. Und früher, wie an diesem Tag im Jahr 1968, ballten sie sich hier am Grenzübergang Brenner über viele Stunden. Beim Brennerpass verläuft schon von Natur aus eine Grenze, die beiden Gebirgsketten, die sich hier treffen, bilden die Wasserscheide zwischen der Sill, die über den Inn zur Donau, und dem Eisack, der Richtung Adria fließt. Seit der Teilung Tirols im Jahre 1919 verläuft am Brenner die Landesgrenze zwischen Österreich und Italien – die lange auch eine psychologische war: zwischen Norden und Süden, zwischen reglementiertem Wirtschaftswunder-Leben und italienischer Leichtigkeit.

Im Sommer, wenn endlose Karawanen Richtung Südtirol rollten, war im Grenzörtchen Brenner auf 1372 Meter Höhe oft lange Pause. In den fünfziger und sechziger Jahren saßen dort viele Deutsche in ihrem Mercedes 180, ihrem Auto Union Universal 1000 oder VW Käfer, die Blicke auf die runden Kofferräume und schmalen Heckscheiben vor sich gerichtet, füllten auf den letzten Metern in Österreich noch einmal den Tank – und warteten: auf das erste Glas Chianti, das erste *gelato,* das erste Schlückchen oder Stückchen Geschmack des Südens.

Die Pause gehörte dazu, sie war ein Grenz-Happening, ein Warten, das die Vorfreude steigerte – an einer Stelle, an der im Lauf der Jahrhunderte schon viele Halt gemacht haben. Oft gezwungenermaßen. Kaiser und Könige, Maler und Schriftsteller haben diesen Weg über die Alpen genommen. Goethe vermerkte hier am 8. September 1786 in seinem Reisetagebuch: »Und nun erwarte ich, dass der Morgen diese Felsenkluft erhelle, in der ich auf der Grenzscheide des Südens und Nordens eingeklemmt bin.«

Heute ist Reisen ein Wirtschaftszweig, in dem schnelles Ankommen die Devise ist, Warten als verlorene Zeit gilt und Sehnsüchte möglichst schnell bedient werden. 1971 wurde auf diesem letzten Teilstück nach Italien die vierspurige Brennerautobahn fertiggestellt. Am 1. April 1998 dann, nachdem Italien dem Schengener Abkommen beigetreten war, fielen die Grenzkontrollen, die Schlagbäume wurden abgebaut, Zollbeamte und Carabinieri abgezogen.

Die Urlauber in ihren Autos können nun haltlos durchrauschen. Und wenn es Stau gibt am Brenner, dann nicht der Grenze wegen. Die bemerkt manch einer gar nicht mehr, erst recht seit sich darauf ein Shoppingcenter erhebt. Fast exakt dort, wo früher die Pässe kontrolliert wurden, kann man nun ins Parkhaus des Outlet Center Brenner fahren und ist damit in Italien angekommen.

80 Jahre lang war der Brenner aufgeladen mit symbolischer, politischer und wirtschaftlicher Bedeutung. Jetzt versucht man, die Menschen mit Schnäppchen und Prozenten zum Halten zu bringen. Doch auch wenn die Reisenden im Einkaufszentrum einen Stopp einlegen, Sehnsüchte stauen sich hier keine mehr. Beim »Happy Shopping« werden sie vielmehr verdammt schnell bedient. ■

2015 Shopping im Grenzbereich: Das Outlet Center Brenner liegt in Italien, vier Meter südlich von Österreich

1968 Von Norden kommend, staut sich eine Autoschlange vor der Grenze auf der alten Brennerpass-Straße

Stiller Rebell

Manche vergleichen ihn schon mit Alberto Giacometti. Im Grödnertal, dem Tal der Herrgottschnitzer, schafft WALTER MORODER Figuren, die berühren. Er ist verwurzelt in Traditionen und hat sich doch von ihnen befreit: mit Meißel, Kettensäge und innerer Ruhe

TEXT **KALLE HARBERG** FOTOS **CHRISTINA KÖRTE**

Moroder und seine Frauen: Ob mit oder ohne Kopf, geringelt oder gescheckt – sie alle sind aus Holz, selbst »Lizia« vorne rechts, die aussieht wie aus Marmor

Wie anziehend Figuren ohne große Gesten sein können, erlebt jeder, der Moroders Atelier besucht. Selbst die Mimik ist bis auf ein Minimum zurückgenommen, etwa bei der Skulptur »DIS« (rechts)

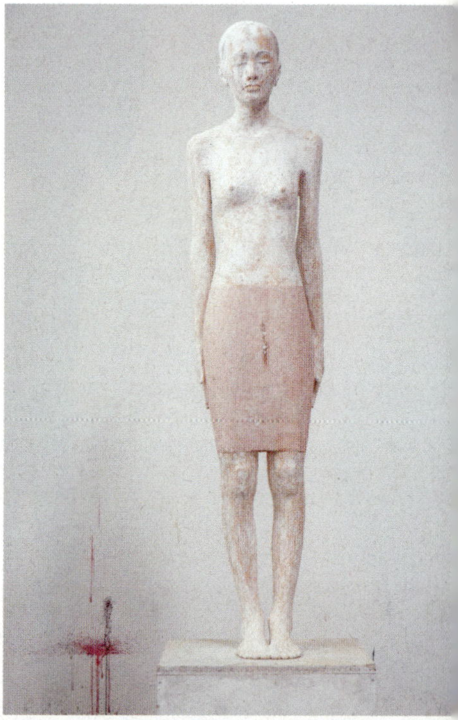

Wie viel Spiritualität das Unperfekte bergen kann, zeigt der Tau Tau, den Moroder aus Indonesien nach St. Ulrich brachte. Er inspiriert ihn, wenn er eine neue Figur erschafft

Fertig ist eine Figur erst, wenn sie ihn nervös macht

Was Hammer und Meißel in Moroders Händen aus einem Stück Kastanienholz machen, sieht man am »Knienden«, der ersten Skulptur des Künstlers in dieser Haltung

Ein einziges Mal hat er seinen eigenen Körper aus Holz geschnitzt. Maß sich zentimetergenau ab und schuf ein Selbstbildnis aus rotbraunem Nussbaum. »Das war spannend zu sehen, wie breit und wie dick ich bin!«, sagt Walter Moroder. Als er fertig war, nahm er eine Kettensäge und zerschnitt sich selbst in Schichten: ein Akt der Selbstzerstörung, der für ihn aber auch einer der Befreiung war. Von den Traditionen und Wurzeln, die ihn halten – manchmal zu fest.

Keiner weiß genau, wie lange die Familie Moroder schon im Tal lebt. Ihr Stammbaum reicht zurück bis ins frühe 16. Jahrhundert, als St. Ulrich nicht mehr war als eine Ansammlung von der Außenwelt abgeschnittener Höfe. Vielleicht ist die Geschichte der Moroders älter als die von St. Ulrich. Fest steht: Die Familie wuchs und gedieh wie kaum eine andere. Hunderte Moroder sind noch immer hier im Grödnertal zu Hause. Auf den Ästen des Stammbaums finden sich Bürgermeister, Professoren, vor allem aber Künstler. Viele von ihnen wurden Bildhauer, schnitzten aus den Zirbelkiefern und Kastanien von den Hängen, die das Tal umschließen, Skulpturen, die ihren Weg bis ans andere Ende der Welt fanden.

Wenn Walter Moroder heute in Galerien in Italien, Deutschland, New York ausstellt, zeigt er auch sein Selbstbildnis. Er verteilt die einzelnen Scheiben so im Raum, dass nur, wer in einer Linie mit allen steht, den Meister komplett im Blick hat. Es gibt lediglich einen Ort, an dem sie sich Stück für Stück aufeinanderfügen, an dem der Künstler ganz ist: Seine Werkstatt, zu Hause in St. Ulrich im Grödnertal.

Sie liegt ein wenig außerhalb des Ortes, versteckt hinter einer Waschanlage. Eingerahmt wird sie von großen Hallen, in denen hundertfach der ans Kreuz genagelte Christus hängt und laute Sägen kreischen. Von ihnen ist nichts mehr zu hören, sobald sich die Tür zum Reich von Walter Moroder schließt.

Aus einem kleinen Lautsprecher fluten Sonaten von Bach den hohen Raum, das Licht fällt wie in einer Kirche aus Fenstern weit oben. Ein Hackklotz und eine Axt lehnen an der einen Wand, Feilen und Farbtuben an der anderen. Walter Moroder umrundet seine neue Figur, einen Mann auf Knien, die Arme schlaff am Körper hängend, die Augen fest nach vorn gerichtet – so als wolle er seinem Henker ohne Furcht begegnen.

Moroder, 51 Jahre alt, hat ein rundes Gesicht, in dem grüne Augen leuchten. Auf seinem ausgewaschenen lilafarbenen T-Shirt ist noch der Schriftzug »Dubrovnik, Croatia« auszumachen, seine Lederlatschen sind von Farbklecksen übersäht. Einen Knienden hat er noch nie geschnitzt. Der Hals sei viel zu lang und die Knie zu grob, sagt Walter Moroder. Aber das ist es nicht, was ihm Probleme bereitet. »Es braucht einfach eine besondere Spannung, damit die Haltung nicht unterwürfig wirkt oder an das Gebet erinnert. Das ist gerade meine Schwierigkeit.«

Bekannt ist Moroder für die minimalistischen Frauenfiguren, von denen ein Dutzend in der anderen Ecke der Werkstatt steht. Die Körper sind schlank und aufrecht, die Füße eng beieinander, das Haar ist aus der Stirn gekämmt und zusammengefasst. Die Oberfläche von manchen ist gemasert, die von anderen bemalt. Keine verzieht eine Miene, keine gebärdet sich in irgendeiner Form. Selbst die Augen wirken seltsam abwesend, als wäre der Geist dahinter zutiefst in sich versunken. Paradoxerweise wirken die Skulpturen gerade deswegen umso präsenter. Eine sonderbare Anziehungskraft geht von ihnen aus.

Immer öfter wird er deswegen in einem Atemzug mit dem großen Schweizer Bildhauer Alberto Giacometti genannt. Ein Galerist Moroders berichtet, die Besucher reagierten auf Moroder-Figuren wie auf kein anderes Kunstwerk. Ganz nah treten sie heran, mit dem Wunsch, sie in den Arm zu nehmen, nur die wenigsten trauten sich das aber wirklich.

»Ich glaube einfach, dass man in den wichtigsten Momenten im Leben ruhig ist«, sagt Walter Moroder und setzt sich vor einer Gruppe seiner Frauen auf eine Holzkiste. »Wenn du richtig Angst hast, dann rennst du nicht davon, sondern bleibst ruhig. Die wahre Angst, die wahre Freude und die wahre Liebe, sie richten sich alle nach innen.«

»Vasen« nennt er selbst seine Skulpturen. Gefäße eben, die Leben im Innern tragen. Bis zu zwei Monate kann es dauern, bis er eine vollendet. Er wisse es erst, wenn sie ihn beunruhige, sagt er: »Wenn ich sie ansehe und sie mich nervös macht, so kribbelig, dass ich das Gefühl habe, das halte ich nicht mehr aus, dann bin ich fertig. Und nicht, wenn ich bloß meine, dass sie gut ist. Genau dann erfüllt man nur die Erwartungen anderer.«

So ist er, sagen die Freunde im Ort, die ihn von Kindesbeinen an kennen. Eigenwillig und ehrlich. Einer, der sich nicht von der langen Tradition im Grödnertal erschlagen lässt. Tal der Herrgottschnitzer wird es auch genannt. Weil das Land allein zu karg war, um alle Einwohner zu ernähren, suchten die sich vor etwa 400 Jahren einen anderen Erwerb. Sie fingen an zu schnitzen. Kam der Winter, saß die Familie zusammen in der Stube, und Männer und Jungen feilten an einer Figur, einem Pferd, einem Vogel oder einem Hampelmann. Das fein geschnitzte Holzspielzeug wurde in alle Welt verkauft. Anfang des 19. Jahrhunderts erreichte die Produktion ihren Höhepunkt, jeder der mehr als 400 Haushalte in St. Ulrich war auch eine Holzschnitzerei. Manche Familien sollen bis zu 1000 Puppen in der Woche gefertigt haben.

Einige, darunter die Moroders, spezialisierten sich auf sakrale Figuren. Grödner Heilige und Madonnen schmückten große Kirchen. Walters Großvater hatte sechs Söhne, alle mussten sie in der Werkstatt helfen, denn seine Skulpturen waren so begehrt, dass sie bis nach Argentinien, Chile und in die USA verschickt wurden, wo Cowboys und Farmer sie um ihren Seelenfrieden baten.

Walter Moroder lernte das Schnitzen von seinem Vater, so wie der es von seinem gelernt hatte. Mit zwei Jahren fiel der kleine Walter von einer Mauer und brach sich den Schädel. Einen Monat musste er regungslos im Bett liegen, wuchs danach behüteter auf als seine Brüder. Während die draußen spielten, schaute er dem Vater bei der Arbeit über die Schulter. Der sei ein guter aber auch ein strenger Lehrmeister gewesen. »Mein Vater hat immer gesagt, man soll nie jemanden loben, sonst kommt nur eine schlechte Arbeit dabei heraus«, erinnert er sich. »Ich habe schon oft geweint, das war nicht leicht.« Als er die Lehre zum Holzbildhauer mit 20 Jahren abschloss, wusste er zumindest, was er nicht wollte. »Ich werde Postbote, ist mir egal, aber Heilige schnitze ich nicht. Das ist nicht meine Welt.«

Moroder ging nach München an die Akademie der Bildenden Künste. Entscheidender für das, was er heute hier im Grödnertal macht, war aber eine Reise nach Indonesien. Mit seiner Frau und ein paar Freunden wanderte er durch den Dschungel zum Volk der Toraja und wohnte einer Beerdigung bei. Am Eingang des Felsengrabs wurde ein Tau Tau aufgestellt, ein Abbild des Verstorbenen, gemacht von demjenigen, der ihn am besten kannte. »Auch wer nicht schnitzen kann, versucht, die Anima des Verstorbenen irgendwie zu fangen und in Materie umzusetzen. Da habe ich mir gedacht: Wieso machst du das nicht?«

Einen Tau Tau hat Moroder aus Indonesien mitgebracht und in seine Werkstatt gestellt. Als »Messlatte meines Werks« wie er sagt. Die unbeholfene Spontanität und unbestreitbare Spiritualität der Tau Tau waren eine Offenbarung für ihn, seine Figuren danach nie wieder die gleichen. Moroder kehrte zurück ins Grödnertal, um an jener Kunstschule zu unterrichten, die er selbst als Junge besucht hatte. Was ihn einst bedrückt hatte, empfand er nun als Bereicherung: das Tal, diese eigene enge Welt. Bisweilen brachte es große Künstler hervor, den revolutionären Komponisten Giorgio Moroder etwa, aber noch nie habe es hier so viel Talent wie heute gegeben, sagt Moroder. Und während in den großen Städten ein harter Konkurrenzkampf herrsche,

Selbstbild und Stückwerk: Der Künstler hat sein Ebenbild zersägt und stellt die Teile im Raum verteilt aus. Zu einem Ganzen fügen sie sich nur zu Hause, in seinem Atelier

Er mag das Unperfekte – auch an sich selbst

Die Vorfahren im Blick: Wenn Moroder zum Werkzeug greift, hat er seinen Onkel Hermann und seinen Vater David (rechts) im Blick

gebe es hier einen einzigartigen Zusammenhalt besonders zwischen den jungen Holzbildhauern. »Mittlerweile glaube ich, dass es ein Glück ist, in Gröden zu sein. Früher war das hier das letzte Loch. Jetzt wird's interessant!«

Er ist heute einer von nur noch um die 100 Holzbildhauern. Schnitzereibetriebe, wie die neben seiner Werkstatt, haben die Massenproduktion der beliebten Holzfiguren übernommen. Einmal die Woche trifft Moroder sich mit ein paar befreundeten Bildhauern und sie tauschen sich über ihre Kunst aus. Einige stellen, wie er auch, im Ausland aus, aber selbst unter jenen Etablierten sticht Moroder heraus. Weil es ihm nicht darum gehe, zeitgenössisch zu sein, wie er sagt, sondern zeitlos.

Zu Hause im Tal hat manch alter Schnitzer einen ganz anderen Blick darauf. »Die beschweren sich, dass die Skulpturen schlecht gemacht sind. Warum müssen zum Beispiel die Hände so groß sein?«, erzählt Walter Moroder und zuckt mit den Schultern. Schon lange versteht er seine Arbeit nicht mehr als Verneinung seiner Wurzeln, sondern als ihr Derivat. »Ich habe jahrelang gegen die Tradition gearbeitet, aber dabei geht so viel Energie verloren«, sagt er. »Und ich finde es ganz wichtig, dass eine Figur auch schlechte Seiten hat. Wenn ich mir ein Model anschaue, das finde ich total uninteressant. Jeder Mensch hat Schwächen, und auch jede Skulptur braucht Schwächen, damit sie berührt.«

Schwächen, die er auch in sich selbst erkennt. Vielleicht hat er sich deshalb in Schichten zerlegt. Schichten, die sich hier in St. Ulrich zu einem Ganzen fügen. Danach gefragt, ob er ein ruhiger Mensch sei, überlegt Walter Moroder einen Moment und sagt dann: »Nur hier.« ■

Kalle Harberg, *MERIAN-Redakteur, zählte auf dem Friedhof von St. Ulrich alle Grabsteine, auf denen der Name Moroder steht. Nach nur einem Zehntel der Fläche hatte er schon 32 beisammen – und gab auf.*

MERIAN | HOLZKUNST UND -HANDWERK

(G 5) St. Ulrich

Galleria Doris Ghetta
Walter Moroders Galeristin Doris Ghetta, die ihn seit seiner Kindheit kennt, ist Dreh- und Angelpunkt der Kunstszene im Tal. Sie vertritt auch die Grödner Holzbildhauer Aron Demetz und Arnold Holzknecht.
Pontives 8
Tel. 0393 9323927
www.dorisghetta.com

Art52
Maschinell hergestellte Skulpturen bekommt man in St. Ulrich fast überall. Einen guten Überblick über die Bandbreite des ursprünglichen Kunsthandwerks bietet diese ständige Ausstellung im Kongresshaus, in der 52 Grödner Holzbildhauer, darunter auch Walter Moroder, Teile ihres Werkes präsentieren.
Rezia 1, www.art52.it

(G 3) Vahrn

WooDone
Lange tüftelten die Bauunternehmer Klaus Tavella und Thomas Oberegger an ihrer Idee, aus heimischem Holz moderne, stabile Brillengestelle zu fertigen. 20 Modelle aus Nuss, Kirsche, Akazie und Esche, jedes nur 13 Gramm schwer, verkaufen sie heute in der ganzen Welt.
Vahrner Seeweg 1
Tel. 0472 613612
www.woodone.it

Embawo
Norbert Öttl ist gelernter Tischler, arbeitete aber lange als Model in Mailand. Statt vor der Kamera zu stehen, macht er jetzt in seinem Atelier schicke Accessoires von der Clutch bis zum Trolley.
Dorfstr. 69
Tel. 0346 7745868
www.embawo.com

(E 4) Meran

PenArt
Aus 66 Holzarten, darunter viele exotische, stellt der Tischler Christian Kuen Füllfederhalter, Minenbleistifte und Kugelschreiber her. Das verlangt Fingerspitzengefühl, das Holz wird bei der Herstellung bis an die Grenzen des handwerklich Machbaren gedrechselt. In seiner Werkstatt produziert er auch Etuis, Parfümzerstäuber oder Zierkorken. Ab Juli 2015 befindet sich das Atelier in Kuens Heimatort Schenna.
Karl-Wolf-Str. 4
Tel. 0348 5795718
www.penart.it

(J 3) Bruneck

Wiegi
Ihren Namen »Wiegi« hat die Firma, weil sie mit traditionellen Zirbelwiegen anfing. Mittlerweile werden dort auch urige Betten für Kinder und Erwachsene gefertigt. Denn die Zirbelkiefer ist nicht nur besonders robust, ihr Geruch soll auch die Herzfrequenz senken – und so einen guten Schlaf garantieren.
www.wiegi.com
In Südtirol gibt es die Produkte bei Gaderform Möbel zu kaufen: Enneberg (J 4) Zwischenwasser 4

Die Lettern (A 1) beziehen sich auf die Karte ab S. 147

NATÜRLICH WOHLFÜHLEN NIEDERMAIR

Ihr Wander-, Familien- & Wellnesshotel mit Panoramablick auf Meran und Umgebung. Umgeben von den sanft ansteigenden Bergen des Vinschgaus fügen sich das traditionelle Stammhaus und der moderne Neubau harmonisch in die Landschaft ein. Der Weg zum Hotel schlängelt sich hinauf durch die ausgedehnten Obstwiesen oberhalb von Partschins. Herzliche Gastlichkeit erwartet Sie. Es ist Zeit für Stille und Wohlbefinden! Nur wenige Kilometer von der Kurstadt Meran entfernt. Genießen Sie in unserem Hotel erholsame Ferien in freundlicher und familiärer Atmosphäre.

Familie Kuen * Partschins bei Meran * Tel. +39 0473 96 71 71
info@hotel-niedermair.com * www.hotel-niedermair.com

HOTEL · APPARTEMENT **** Krone

In herrlicher Panoramalage und eingebettet im Grünen erwartet Sie ein Haus mit exzellenter Feinschmeckerküche mit erlesenen Weinen, großzügig beheizter Schwimmbadanlage, neu gestalteten Saunabereich, Sandtennisplatz, Fitnessraum, Mountainbikes und 3 Golfplätze in unmittelbarer Nähe. Intime Wohnatmosphäre und ein gediegenes Ambiente ergänzen Ihr Wohlbefinden in unserem ***Superior Hotel sowie in den großzügigen luxuriösen Appartements mit durchdachter Raumaufteilung.

Familie Chizzali * Dorf Tirol bei Meran * Tel. +39 0473 23 67 99
info@hotelkrone.com * www.hotelkrone.com

Almhotel Lenz ***S

Besuchen Sie uns im Almhotel Lenz*S in Geiselsberg bei Olang.** Hier erwarten Sie ein herzliches Grüß-Gott, warme Gastfreundschaft, exzellente Südtiroler Bauernküche kombiniert mit südlichen Köstlichkeiten, urige Gaudi sowie das angenehme Ambiente eines traditionsreichen Familienbetriebes. Im großzügigen Wellnessbereich können Sie sich nach einem ereignisreichen Wandertag entspannen und neue Kräfte sammeln. Wir bieten zahlreiche Wandermöglichkeiten direkt vom Hotel aus an, dafür steht Ihnen ein hauseigener Wanderführer zur Verfügung.

Familie Mutschlechner * Geiselsberg/Olang * Tel. +39 0474 59 20 53
info@almhotel-lenz.com * www.almhotel-lenz.com

Hotel *** RABLANDERHOF

Nur wenige Kilometer von Meran entfernt, überragt von der eindrucksvollen Bergkulisse der Texelgruppe, dem größten Naturpark Südtirols, befindet sich unser ***Superior Hotel. Neue Komfort- und Panoramazimmer, großes Freischwimmbad, moderne Saunalandschaft, gratis Fahrradverleih, gratis WLAN und viele gute Wandertipps. **Unsere Feinschmeckerküche:** Natürlichkeit, frische regionale Produkte und große Abwechslung sind das Geheimnis unserer Küche.

Familie Osele * Rabland/Partschins * Tel. +39 0473 96 70 88
info@rablanderhof.com * www.rablanderhof.com

Allergiefreies Wohnen im 4 Sterne Superior Tirler Dolomites Living Hotel im Herzen des UNESCO Weltnaturerbes Dolomiten. Erleben Sie einen unvergesslichen Aufenthalt auf der Seiser Alm, umgeben von einzigartiger Naturlandschaft und mit einem traumhaften Panoramarundblick. **Green Living** wird bei uns großgeschrieben und dies spüren Sie in allen Bereichen: sowohl im Tirler Energie Spa Curasoa, als auch in unserem **gesundheitsorientierten Kulinarium** und bei der Zimmereinrichtung. Allergiker können bei uns frei aufatmen, die klare **Bergluft der Seiser Alm** garantiert Ihnen eine Auszeit von Pollen und Milben, um völlig zu entspannen und neue Vitalität zu gewinnen. Auch unser Küchenchef geht gerne auf spezielle Ernährungswünsche ein und kreiert für Sie verlockende Gaumenfreuden. Willkommen an diesem sagenhaft schönen Ort!

Familie Rabanser * Seiser Alm/Südtirol * Tel. +39 0471 72 79 27
info@tirler.com * www.tirler.com

Wanderer jeder Größe sind herzlich Willkommen - im Gasthof Steinegger Eppan im **Südtirols Süden!** Wir bieten Erholung, Ruhe und viel Freiraum. Das Hotel liegt ruhig, umgeben von eigenen Weinbergen, Obstwiesen und Wald. Den **Dolomiten-Panorama-Blick** bekommt jeder Gast gratis! Die Wanderwege zu den Burgen von Hoch-Eppan, zu den Eislöchern nach Kaltern oder zu den Montiggler Seen starten direkt am Hotel. Schwimmer finden ein **„richtiges" Hallenbad** und Sole-**Freibad** vor. Die Weinkarte beglückt jeden **Weinbeißer!** Familie Eisenstecken freut sich auf jeden Gast, der die selbstgemachten Säfte, Weine und die vielen Speisen aus der **eigenen Landwirtschaft** schätzt. Der Senior-Wirt freut sich vor allem auf Skat und Schafkopf-Spieler :)

Familie Eisenstecken * Eppan/Südtirol * Tel. +39 0471 66 22 48
info@steinegger.it * www.steinegger.it

Die kleinen grünen Bergäpfel wachsen oberhalb von 900 Meter Höhe und damit langsamer als im Tal angebaute Sorten. Diese Ladung wandert in die Presse, alle Früchte werden aber zuvor mit Frischwasser gewaschen

Äpfel für alle Welt

Ein saftiger Exportschlager: Äpfel füllen die Täler, die Lagerhallen und die Kassen Südtirols. Damit das so bleibt, tüfteln Forscher hier am Apfel der Zukunft – süß, biologisch angebaut und auch von innen rot

TEXT **BURKHARD STRASSMANN**

Wenn in einem deutschen Supermarkt ein Apfel den Aufkleber mit der Aufschrift »Vinschgau« trägt, könnte es einer von diesen sein

Der rotfleischige Weirouge enthält nur wenig Zucker, meist wird er zu rotem Saft verarbeitet

Der Apfel bringt das Land zum Blühen

Im Frühling leuchten ganze Täler im Weiß-Rosa der Apfelblüten – hier rund um das Johanneum in Dorf Tirol bei Meran

Ein Apfelbäumchen pflanzen: Am Versuchszentrum Laimburg wird an neuen Sorten geforscht

Viele Früchte schaffen es nicht in die Obstregale, sie werden zu Apfelsaft, der hier frisch aus der Presse kommt

Der Trester, der in der Presse übrig bleibt, wird größtenteils verbrannt. Ein Recycling-Projekt: Apfelpapier

Weit hinten rauscht die Etsch. Die *superstrada* von Meran nach Bozen dröhnt. Eine kleine Asphaltstraße führt bis zum Fuß der Weinberge, endlose Pflanzreihen links und rechts. Rote Burschen lachen von den Bäumchen. Wen juckt es da nicht zuzugreifen? Den Kenner juckt es nicht! Denn die Wahrscheinlichkeit ist groß, dass man enttäuscht wird vom berühmten Südtiroler Apfel. Kann gut sein, dass er schmeckt wie eine rohe Kartoffel.

Wer diesem und anderen Apfel-Mysterien auf den Grund gehen möchte, wird im Meraner Talkessel fündig. Denn hier liegt Lana, die fleißigste Apfelgemeinde Südtirols.

Rund sechs Milliarden Äpfel produziert die Autonome Provinz jährlich, ein Jahr lang *an apple a day* für gut 16 Millionen Menschen. Zwölf Prozent aller Äpfel, die in der EU erzeugt werden, stammen aus Südtirol. Wenn man von der Höhe in das bis in den letzten Winkel bepflanzte Etschtal hinabschaut, versteht man sofort, dass diese Region weniger für ihre Kultur oder ihre genialen Erfinder bekannt ist, als für ein omnipräsentes Rosengewächs: für *Malus domestica*, den gemeinen Apfelbaum.

Ein Zehntel aller in Südtirol geernteten Äpfel kommt aus Lana – zudem 6000 Tonnen der mehr als 40 000 in Südtirol geernteten Bioäpfel. Mit viel Getöse brausen hier winzige Traktoren herum. Sie befördern den rotbackigen Exportschlager – jetzt im Oktober meist die Sorten Braeburn, Fuji oder Jazz – zu den Sortier- und Verpackungsanlagen der Obstgenossenschaften. Das sind klotzige Industriehallen, die inmitten der Apfelplantagen aus dem Boden gestampft wurden. Sie signalisieren: Um Blütenträume oder Gartenromantik geht es hier zuallerletzt. Südtiroler Äpfel sind, das sollte man nie vergessen, ein *big business*. Gigantische Hagelnetze spannen sich über weite Teile der Plantage. Verhagelte Äpfel, selbst wenn sie noch in Ordnung sind, lassen sich nicht mehr als Tafeläpfel vermarkten. Sie wandern in die Saftpresse.

Die historischen Gebäude rund um Lanas Pfarrkirche Maria Himmelfahrt, bekannt wegen ihres vergoldeten Flügelaltars aus dem 16. Jahrhundert, schmücken sich mit gemalten Darstellungen der Apfelernte. Einen Steinwurf weiter liegt das Südtiroler Obstbaumuseum. Obwohl es auch eine Traubenpresse beherbergt, wird es meist »Apfelmuseum« genannt.

Wandtafeln zeigen die erstaunliche Karriere des Etschtals. Vor nicht allzu langer Zeit war es eine malariaverseuchte Sumpflandschaft. Erst im Zuge des Baus der Brennerbahn im 19. Jahrhundert wurde das Etschtal schließlich entwässert und urbar gemacht.

Viel später, erst in den 1960er Jahren übernahm man aus den Niederlanden das Schnittsystem der *slender spindle*, der »schlanken Spindel«. Wo einst prächtige Bäume mit runden Kronen standen, reihen sich heute kümmerliche Stämmchen mit wenigen Ästen aneinander. Aus den traditionellen Streuobstwiesen wurden industrietaugliche Plantagen. Passten früher nur 300 Apfelbäume auf einen Hektar, erlaubt die Spindel eine Pflanzdichte von mehreren tausend Bäumchen auf der gleichen Fläche. Man kann besser spritzen und düngen, zum Ernten braucht man keine Leitern mehr.

Und so hat auch der Apfel, der seit der Vertreibung aus dem Paradies ohnehin eine etwas dubiose Rolle spielt, seine naturreine Unschuld verloren. Herbizide werden gegen Unkraut eingesetzt. Gegen Pilze, Läuse und andere Schädlinge wird zigmal gespritzt. Kaum jemand traut sich noch, in einen ungewaschenen Apfel zu beißen.

Dennoch: Der Apfel ist ein guter und vielseitiger Imageträger: Die Hotels haben Namen wie »Mele d'Oro«, Goldene Äpfel. Für den Gast beginnt der Tag mit exquisitem Apfelsaft. Der Apfelfreund kann die unterschiedlichsten Apfelausflüge machen, kann zur Apfelmassage in die Meraner Therme aufbrechen oder Apfelbalsamico kaufen. Abends gibt es dann »Apfelmenü« – mit Apfel-Sellerie-Süppchen, Apfelravioli, Poularde mit Apfel und Calvados.

Wer sich danach abends mit einem Fläschchen Apfel-Edelbrand in die Apfelpflanzungen begibt und lauscht, freut sich über die Ruhe. Und denkt nicht daran, dass es hier auch deshalb so leise ist, weil in dieser streng kontrollierten, eingepackten Monokultur kaum mehr Insekten, Vögel und anderes Getier leben. Schmetterlinge sind zur Rarität geworden, Fledermäuse machen sich von dannen, Raubvögel verlieren das Interesse. Die Pflanzenwelt ist extrem reduziert, von »verarmter Trivialflora« sprechen Botaniker.

Eine andere Kehrseite der intensiven Südtiroler Apfelwirtschaft ist der Abfall. Etwa 85 bis 90 Prozent der geernteten Äpfel schaffen es als »Tafeläpfel« auf den Tisch. Der Rest, immerhin Abertonnen, kommt in die Presse. Das Ergebnis: Apfelsaft – und süßer Matsch. Früher, als in den Tälern noch Platz war für Viehzucht, schätzte man Apfeltrester als Futter für die Tiere. Heute wird er verbrannt, zumindest zum größten Teil.

Einer, der aus dem Abfall etwas anderes machen will als Wärme, arbeitet in einem architektonisch kühnen Rundbau in einem Bozner Gewerbegebiet. Hannes Parth lebt von Ideen, zum Beispiel: Apfelpapier. Er hat sich für den Apfelabfall etwas einfallen lassen. Parth entwickelte ein Verfahren, den Trester zu trocknen und zu mahlen und bot ihn dann der Papierindustrie an. Und siehe: Die war interessiert. Aus Zellulose mit 20 Prozent Apfeltrester werden heute Apfeltaschentücher, Apfelklopapier, Visitenkarten und Kartonagen hergestellt. Der römische Papierfabrikant Blasetti hat eine eigene Serie im Programm: *Mela scrivo.*

Doch das war erst der Anfang. Parth stellt jetzt auch lederartige Materialien aus Apfeltrester her – ein Sofa wird gerade probehalber mit »Apfelleder« bezogen. Das Nächste wird vielleicht eine Dämmplatte für den Bau. Sein kühnster Traum: Wäre es nicht logisch, wenn eine gewisse Firma mit einem angebissenen Apfel als Logo ihre Telefone und Tablets in Apfelkartons verpacken würde?

Bis solcherart Recycling eine nennenswerte Größenordnung erreicht, muss noch viel Wasser die Etsch hin-

Der beste Ort, um die besten Äpfel zu kaufen – zum besten Preis: direkt beim Produzenten

Der neuste Coup: süße Konkurrenz für die Schokolade an der Kasse

unterfließen. Eine gute Nachricht gilt aber heute schon: Die Produktion von Bioobst wird in Südtirol immer wichtiger, sie macht bereits etwa vier Prozent der gesamten Apfelernte aus. Damit ist Südtirol der größte Bioapfellieferant Europas.

Seit 1992 beschäftigt sich der Agrarwissenschaftler Markus Kelderer mit ökologischem Obstbau. Er arbeitet im Versuchszentrum Laimburg, der wissenschaftlichen Basis der Südtiroler Landwirtschaft. Eine Bioplantage erkenne man daran, sagt er, »dass es unordentlich aussieht«. Tatsächlich schießt das Unkraut im Wurzelbereich der Bäume hoch. Doch in der Blütephase, wenn der Apfelbaum alle Nährstoffe braucht, wird das »Beikraut« – »Unkraut« gibt es hier gar nicht – aufwendig mechanisch entfernt. Ohne Chemie!

Ein anderer Trick der Bioapfelbauern sind Hecken: Sie helfen gegen die Abdrift von Giften, die der Nachbar spritzt. Und in ihnen können sich nützliche Tiere verstecken und überwintern.

Bleibt das Problem der zahllosen Schädlinge. Apfelwickler, Spinnmilbe und Apfelblattlaus setzen den Früchten zu. Kelderer deutet auf Bäumchen der beliebten, aus Japan stammenden Apfelsorte Fuji. Krebsartige Geschwüre wuchern an den Zweigen und Stämmchen, die Triebe sind abgestorben, Früchte konnten nicht geerntet werden. An den Blättern kleben kugelige Körper, alle haben ein kleines Loch. Tote Blutläuse, Opfer eines anderen Insekts. »Schlupfwespen haben ihre Eier hineingelegt«, erklärt Kelderer. »Die Larven entwickeln sich im Innern der Laus und schlüpfen durch das Loch aus.« Die Laus wird bei lebendigem Leibe von innen zersetzt, übrig bleibt nur ihre kugelförmige Mumie. Eine biologische Abwehrmaßnahme der drastischen Art – nur leider nicht von durchschlagendem Erfolg. Die Nutzinsekten sind ausgerechnet dann eher rar, wenn die Schädlinge ihre Hochsaison haben. In dieser Situation haben Nicht-Biobauern die Wahl zwischen zahlreichen Giften – eins wird schon helfen. Der Biobauer dagegen muss sich eventuell von der Apfelsorte trennen.

Ein Kollege Kelderers, der Pomologe Walter Guerra, ist in Laimburg verantwortlich für die Züchtung neuer Apfelsorten. Wie alles, was vermarktet wird, unterliegt der Apfel gewissen Moden. Noch nimmt zwar der Golden Delicious unangefochten die Spitzenposition ein. Doch die Leute vom Verkauf glauben, dass ein weiterer gelber Apfel das Geschäft ankurbeln könnte. Guerra holt aus einer Kühlkammer, in der das Lagerverhalten getestet wird, einen Apfel der neuen japanischen Sorte Shinano Gold: »Saftig, knackig, mit einer Ananasnote, exotisch«, sagt er.

Obstkundler wie Guerra müssen um Apfelessernachwuchs kämpfen, und so nennt er seine Bemühungen, neue Sorten zu kreieren »Magenanteile erobern!«. Er präsentiert einen kleinen Knallroten. »Der ist zuckersüß – es spritzt und kracht beim Reinbeißen«, sagt er. Der Name passt: Rockit. Die Sorte stammt aus Neuseeland und wurde als Alternative zur Quengelware im Supermarkt entwickelt. Verkauft wird er in Röhren, wie Tennisbälle, fünf Stück übereinander. In Italien, Belgien, Großbritannien, den USA und Skandinavien liegen sie bereits nahe der Kasse.

Noch Zukunftsmusik, aber kommen wird er gewiss: der außen wie innen vollkommen rote Apfel. Noch ohne Namen ist er eine von 40 rotfleischigen Sorten, die in Laimburg aktuell getestet werden.

An der Institutswand hängt eine Abbildung von Apfelquerschnitten. Der erste ist schwarz, die nächsten werden immer heller, der letzte ist weiß. Gezeigt werden Reifegrade eines Apfels. Dazu werden die Apfelhälften mit einer Jodlösung beträufelt. Beim stärkehaltigen unreifen Apfel färbt das Jod das Fruchtfleisch schwarz. Weiß bedeutet: Der Apfel ist vollreif, alle Stärke wurde in Zucker umgewandelt. Jetzt ist er süß.

Weil die Kundschaft in aller Welt an jedem Tag des Jahres Äpfel kaufen will, werden diese in Kühlhäusern gelagert, monatelang, oft bis zu einem dreiviertel Jahr. In der Kälte reifen sie langsam weiter, deshalb erntet man sie, wenn sie erst wenig Zucker entwickelt haben. Wenn das Schnittbild also mittlere Reife anzeigt.

Diese moderne Erntelogistik macht alten Bauern manchmal noch Schwierigkeiten, erzählt Guerra. Beginnt auf der Plantage das Apfelpflücken, beißen sie wie gewohnt mal in diesen oder jenen Apfel. Und schimpfen drauflos: Ihr erntet falsch, die sind ja noch gar nicht süß!

Genauso ergeht es, wenn sie Pech haben, den Apfeldieben. Die dicken rotbackigen Äpfel sehen zwar verführerisch aus, sind aber oft noch gar nicht richtig reif. Wer nicht widerstehen kann, beißt dann auf nichts als Stärke. ■

ANSITZ PÜNTHOF
BED & BREAKFAST & BUNGALOWS

Gutshof aus dem 13. Jahrhundert für einen erholsamen Urlaub. Eingebettet in Obstgärten und Weinberge, nahe dem Ortszentrum von Algund. Ein Familienbetrieb, liebevoll geführt mit Bedacht auf Komfort und besondere Details. Zauberhaftes Ambiente mit komfortablen Zimmern, Suiten und Ferienhäusern und ein besonders schönes Frühstücksbuffet. Familie Wolf freut sich auf Ihre Anfrage!

Familie Wolf * Algund bei Meran * Tel. +39 0473 44 85 53
info@puenthof.com * www.puenthof.com

Tiefenbrunn
Hotel Residence ****

Inspiriert von der NATUR verbindet sich im Tiefenbrunn Zeit, Raum und Ruhe. Hier, im typischen Landschaftsbild des Meraner Landes, den Apfelwiesen und Weinreben, halten wir inne und genießen den Moment. Urlaub ist Lebensfreude, eine ZEIT, die man FÜR SICH hat, an einem Ort, das Besondere zu erleben, die HERZLICHE Gastfreundschaft und vor allem die kulinarischen Freuden, unserer Südtiroler NATURKÜCHE zu genießen. Entdecken Sie selbst, schmecken und spüren Sie… die Natur.
Nature-Gourmet-Wellbeing-Family 18.04. - 25.04.2015 „bewusst gesund"

Familie Baumgartner * LANA im Meraner Land * Tel. +39 0473 56 14 85
info@hoteltiefenbrunn.com * www.hoteltiefenbrunn.com

PARADIES
★★★ HOTEL-CAFE

Das Urlaubsparadies auf der Sonnenseite von Dorf Tirol. In traumhafter Panoramalage mit Blick auf die Kurstadt Meran, inmitten von Obstwiesen und Weingärten. Helle, freundliche Zimmer; komfortable Suiten; HP-Arrangement mit Südtiroler-Italienische und Internationale Spezialitäten. Freischwimmbad mit Liegewiese; eigenes Café/Konditorei; familienfreundlich.
HP pro Pers./Tag ab Euro 65,00

Familie Rohrer * Dorf Tirol bei Meran * Tel. +39 0473 92 36 54
info@paradies-tirol.it * www.paradies-tirol.it

★★★ HOTEL
Senoner

Gemütliches Ambiente für einen perfekten Urlaub… in idyllischer Lage, auf einem sonnigen Hochplateau finden Sie unser familiengeführtes Komforthotel. Ob zum Wandern, Biken oder zum Relaxen, ein Urlaub bei uns ist immer ein Erlebnis. 4-Gang-Menu mit Salatbuffet, Südtiroler Brotzeit, hauseigene Alm, Streichelzoo, 3 Saunen, Hallenbad, Liegewiese und vieles mehr runden unser Angebot ab. *Wir heißen Sie herzlich willkommen.*

Familie Senoner * Spinges/Mühlbach * Tel. +39 0472 88 80 29
info@hotel-senoner.it * www.hotel-senoner.it

EINHEIMISCH UND AUSGEFALLEN
TRADITION TRIFFT MODERN

Der Jaufentalerhof, im Jaufental, 7 km von Sterzing,
fernab von jeglicher Hektik!
Erkunden Sie unsere kleine, besondere Bergwelt „Vergnügen Natur"
lassen Sie sich verwöhnen mit Südtiroler Köstlichkeiten
BergWellness und interessanten Wochen-Paketen…

Das gesamte Team vom Jaufentalerhof ist stets bemüht, Ihnen unbeschwerte und unvergessliche Ferientage zu ermöglichen.
Ihre Fam. Girtler

Familie Girtler * Jaufental/Ratschings * Tel. +39 0472 76 50 30
info@jaufentalerhof.com * www.jaufentalerhof.com

Der im Jahr 2015 von Grund auf neu renovierte **Ansitz Kematen****S** (1.322 m) liegt in sonniger Panoramalage am Rittner Hochplateau umgeben von großzügigen Waldungen und Wiesen mit einmaligem Ausblick auf die Kette der westlichen Dolomiten. Diese reizvolle Lage lädt zu ausgiebigen Wanderungen oder Mountainbike Touren auf dem Hochplateau ein. Erleben Sie einen Urlaub der Extraklasse zwischen Sport und Entspannung in einer zu jeder Jahreszeit einzigartigen Naturkulisse. In unseren holzgetäfelten Gotikstuben können Sie die gelungene Kombination von Südtiroler Spezialitäten sowie mediterranen und internationalen Gerichten genießen. Dazu gehören die vorzügliche Auswahl an Weinen sowie die hauseigene Konditorei. *Freuen Sie sich auf wunderbare Urlaubstage in dem besonderen Ambiente eines herrschaftlichen Ansitzes.*

Familie Untermarzoner * Klobenstein/Ritten * Tel. +39 0471 35 63 56
info@kematen.it * www.kematen.it

Leidenschaft für Saft

Apfel ist nicht gleich Apfel – und was man daraus macht, schon gar nicht. Thomas Kohl behandelt die Früchte für seinen Bergapfelsaft wie ein Winzer seine besten Trauben. Und das schmeckt man

Es sieht aus wie bei einer Weinverkostung: Schlanke Flaschen mit stilvollen Etiketten stehen neben langstieligen, dünnwandigen Gläsern. Was hier verkostet wird, ist aber kein Wein, sondern Apfelsaft. Bergapfelsaft.

Thomas Kohl verwendet dafür nur die besten Tafeläpfel – eben gerade nicht jene, die für Wochen- oder Supermärkte nicht gut genug sind. Und er mischt sie nicht, in jeder Flasche ist nur der Saft einer Apfelsorte. Sein »Rouge« sieht aus wie Kirschsaft und schmeckt auch leicht danach, der »Gravensteiner« ist eher erdig und zitronig, der »Elstar« duftet nach Ananas und Banane.

Kohls Eltern lebten vom Weinbau und hielten hier in Unterinn am Ritten Hühner und Schweine. »Für meinen Vater war klar, der Junge übernimmt irgendwann den Betrieb«, erzählt der 45-Jährige. »Und für mich war klar: Dann stelle ich auf Äpfel um. Aber nicht, um einer von Tausenden zu werden, sondern um etwas Besonderes zu machen: reinsortigen Bergapfelsaft.« So darf er seine Spezialität nennen, weil die Früchte in 900 Meter Höhe reifen.

Dort oben herrschen das ganze Jahr über tiefere Temperaturen als im Tal. »So wachsen die Früchte langsamer, sind aber wesentlich konzentrierter im Aroma«, sagt Kohl. Seine Hänge sind nach Süden ausgerichtet, die 30 000 Bäume wachsen auf vulkanischem Porphyrgestein. Vergreistes Holz und zu dicke Äste schneidet er heraus, damit die Früchte nicht im Schatten hängen. Jeder Apfel wird von Hand gepflückt. Der Einsatz lohnt sich, Kohls Säfte kommen in Spitzenrestaurants wie dem »Castel Fragsburg« in Meran oder dem »Ikarus« in Salzburg auf den Tisch.

Hundertprozentig gut: Thomas Kohls Früchte sind von Hand gepflückt, seine Flaschen kleine Kunstwerke

GUTES AUS ÄPFELN

(F 5) Unterinn am Ritten
Kohl – Obsthof Troidner
Im Genussladen von Thomas Kohl kann man die Säfte degustieren, einiges zum Thema Apfel lernen – und natürlich einkaufen. Auch online bestellbar.
Hauptstr. 35, Tel. 0471 359442
www.kohl.bz.it

(B 4) Laas
Kandlwaalhof
Familie Luggin verarbeitet Äpfel ebenfalls zu Saft – aber nicht nur. Verkauft wird auf dem Kandlwaalhof etwa auch Senf mit starker Apfelnote. Die Senfkörner aus eigenem Anbau werden gequetscht, mit Apfelwein und -essig zu Brei vermengt und in einer Steinmühle gemahlen.
Unterwaalweg 10, Tel. 0473 626627
www.luggin.net

(C 4) Latsch
Egger-Brot
Unter den mehr als 100 Brotspezialitäten ist auch das »Vinschger Apfelbrot« mit 35 Prozent getrockneten Äpfeln. Auch online bestellbar.
Kugelgasse 2, Tel. 0473 623366
www.eggerbrot.com

(E 5) Vilpian
Weissenhof
Familie Kerschbaumer verkauft Apfelsaft pur oder auch als Apfel-Johannisbeer-Mix. Sehr gut ist der in Holzfässern gereifte Apfelessig. Für Wintertage gibt es den »Glühmix« aus Äpfeln, Orangen, Zimt und Nelken.
Nalserstr. 8, Tel. 0471 678923
www.weissenhof.com

(E 4) Vöran
Leitnerhof
An den Südhängen des Etschtals wächst der Golden Delicious für den Bergapfelsaft der Familie Kienzl. Verkauf ab Hof.
Unterdorfer Weg 9, Tel. 0473 278125

Die Lettern (A 1) beziehen sich auf die Karte ab S. 147

Ihre Lebenserfahrung und Gelassenheit hat Oma Walburga, 75, rund um den Tumpfhof gesammelt – und gibt sie gerne an Helfer wie unsere Autorin weiter

Magd auf Zeit

Harte, aber erfüllende Arbeit auf dem Bergbauernhof, das Gegenmodell zur Büroroutine. MERIAN-Autorin Kristina Maroldt hat's ausprobiert. Sie ging als Helferin auf den Tumpfhof hoch über dem Ultental, erlebte Muskelkater in einer Kulisse wie im Heimatfilm – und ja: auch Momente tiefen Glücks

FOTOS **GREGOR LENGLER**

In der steilen Hanglage des Tumpfhofes können Maschinen kaum eingesetzt werden, also gehen Gabi, eine Helferin aus München, Kristina und Bäuerin Ilse bei der Gartenarbeit in die Knie

Einfach schaffen, nicht jammern. Das wirkt wie Yoga

Familienbetrieb: Mutter Ilse und Oma Walburga behalten alles im Blick, Sohn Jonas zeigt der Autorin, warum Stallausmisten »voll einfach« ist, und Opa Rudolf kontrolliert die Niederschlagsmenge

Mittendrin im Leben der großen Bauernfamilie

Drei Generationen leben zusammen auf dem Hof in 1600 Meter Höhe. Während sich Walburga mit dem großen Milchtank abmüht, freuen sich ihre Enkel im Garten über frisch gezogene Möhren

Regelmäßig zur Ruhe kommen: Zu festen Zeiten versammelt sich Familie Breitenberger mit ihren Helfern um den Tisch. Dann gibt es ein paar Anekdoten und neue Energie dank Frittatensuppe, einer Fleischbrühe mit dünnen Pfannkuchenstreifen

Blutorangenrot rollt die Abendsonne über die Ultener Berge. Ein Vogelschwarm kreuzt den Himmel. Der Herbstwald glüht. Es ist mein erster Abend in Südtirol und der perfekte Moment für ein Foto. Oder ein Feierabendbier. Doch für beides habe ich gerade keine Zeit, denn vor mir türmt sich ein Haufen Mist.

Der sollte längst einen Meter weiter unten liegen, in der Jauchegrube des Tumpfhofs im oberen Ultental südwestlich von Meran. »Voll einfach« sei das, hatte mir Jonas, der elfjährige Bauernsohn, versichert und seine Schubkarre schwungvoll über der Grube entleert. Ich schaffte es kaum, meine Karre hochzustemmen, obwohl sie nur halb voll war. Dann kippte sie um.

Ich habe nun mal weder Training noch Übung, als Magd auf Zeit bin ich nur für drei Tage hier auf dem Bergbauernhof von Jonas und seiner Familie. Der Südtiroler Verein »Freiwillige Arbeitseinsätze«, der seit 1997 Bergbauern zwischen Vinschgau und Pustertal mit Ehrenamtlichen unterstützt, hat mich hierher vermittelt. Gegen Kost und Logis werde ich in Haus und Stall zur Hand gehen, bei der Heuernte und beim Holzfällen helfen – kurzum: bei allem, was Anfang Oktober auf einem Bergbauernhof in 1600 Meter Höhe anfällt.

Werbeleuten fallen zu dem Leben, in das ich reinschnuppern werde, solche Bilder ein: Eine Frau mit Kopftuch und Arbeitshose liegt neben einer Kuh auf einer Almwiese und lächelt so tiefenentspannt wie nach zwei Wochen Yoga-Workshop. Ich möchte herausfinden, ob an diesem Klischee etwas dran ist – auch wenn ich weiß, dass selbst im 21. Jahrhundert das Bergbauernleben hart ist.

So weit oben machen Steilhänge den Einsatz von Maschinen fast unmöglich, unwegsames Gelände erschwert den Transport von Milch, Holz und Fleisch. Viele Bergbauern produzieren zu wenig, um international wettbewerbsfähig zu sein, und bewirtschaften ihren Hof nur noch als Nebenerwerb. Nicht so meine Gastfamilie. Von dem, was 15 Kühe, 15 Jungrinder, sechs Haflinger, zwei Schweine, zwölf Hühner, 14 Hektar Wiesen und ein 21 Hektar großer Bergwald abwerfen, leben elf Menschen: Mutter Ilse, 40, Vater Heinrich, 52, und ihre fünf Kinder im Alter von neun bis 22 Jahren. Dazu die Eltern von Ilse: Opa Rudolf und Oma Walburga. Außerdem Tante Lies und Onkel Charlie, beide um die 80 und wegen einer Rachitiserkrankung im Kindesalter geistig leicht behindert.

Vor diesem Lebensmodell habe ich einen Heidenrespekt – zumal Vater Heinrich seit einem Unfall nur noch bedingt einsatzfähig ist: Nach einem Sturz durch eine Luke im Heuboden wäre er vor Jahren fast im Rollstuhl gelandet. Noch heute kann er oft nur unter Schmerzen arbeiten. Doch den Hof aufgeben? »Da kannst mir alles Geld der Welt geben«, hat mir der drahtige Mann mit Goldring im Ohr beim Frühstück mit Nachdruck gesagt: »Nie!«

Was würde Heinrich wohl tun, frage ich mich nun vor meiner umgekippten Schubkarre, wenn ihm eine Ladung Mist vor die Füße fiele? Es dauert keine Minute, bis ich die Karre wieder aufgerichtet und eine Schaufel aus dem Stall geholt habe. Mist in die Grube, Karre zurück in den Stall, nächste Ladung, nächster Versuch! Vielleicht ist das ja schon der erste Teil der Bergbauern-Glücksformel: Zum Rumjammern ist keine Zeit.

Hier ist das Wetter der Chef. Und das schert sich weder um Selbstmitleid noch um die Einhaltung tariflich geregelter Arbeitszeiten. »Leute, der Schnee kommt!«, verkündet Ilse auf der Fahrt zur Sonntagsmesse in St. Nikolaus. »Und das Heu ist noch nicht im Stadl. Nach der Kirche müssen wir alle auf die Bergwiese!«

Die macht ihrem Namen alle Ehre: steil wie ein mittelschwerer Skihang, dabei idyllisch wie in einem Heidi-Film. Herbstlich gescheckt ragen die Hänge der Hohen Wart vor uns in den Himmel, die Luft schmeckt so frisch wie das Minzwasser, das Oma Walburga eben noch ausgeschenkt hat. Dann drückt mir Ilse einen Rechen in die Hand. Wieder und wieder verharken sich die Zacken in der Wiese. Das Heu scheint am Boden festzukleben, ich selbst rutsche immer wieder gen Tal. Mein Heidi-Traum wird zur Slapstick-Nummer. Wie mühelos wirken dagegen die Rechenschwünge, mit denen Ilse ihre Reihe abarbeitet! Und wie nutzlos fühle ich mich!

»Ach geh!«, sagt Ilse und lacht. »Da hatten wir schon ganz andere hier oben!« Sicher sei es toll, wenn ein Helfer so viel wegschaffen kann wie ein echter Bauer. »Eigentlich brauchen wir aber vor allem Leute, die bereit sind, auch mal im Haushalt zu helfen oder mit den Kindern Hausaufgaben zu machen.«

Denn dafür bleibt Ilse und Heinrich oft kaum Zeit. Neben dem Tumpfhof, auf dem die Familie heute wohnt, bewirtschaften die beiden auch noch den Hof von Heinrichs Eltern im Nachbardorf. Den übernahmen sie gleich nach der Hochzeit. Als Ilses Eltern zwölf Jahre später einen Nachfolger für ihren Hof suchten, weil Ilses Bruder doch lieber eine Skialm leiten wollte, sagten sie auch hier zu. Zwei Ställe sind seither zu versorgen und die doppelte Menge an Land und Wald. Das wirtschaftliche Überleben ist so zwar einfacher, es klappt aber nur, weil beide Eltern rund um die Uhr mit Jeep und Motorrad zwischen den Höfen hin und her pesen, Oma und Opa mitanpacken, Kinder und Verwandte bei der Ernte helfen. Ausschlafen am Sonntag? Niemals. Familienurlaub am Meer? Schon gar nicht.

»Ist dir die Arbeit nicht manchmal zu viel?«, frage ich Ilse, als wir den Abendbrottisch decken. Die Bäuerin, eine ruhige Frau mit den Händen eines kräftigen Mannes und dem Pferdeschwanz eines jungen Mädchens, legt ihr Handy weg, mit dem sie eben noch das Fußballtraining ihrer Söhne für die nächsten Wochen organisiert hat, und schüttelt sehr bestimmt den Kopf: »Nein. Ich hab' mir mein Leben genau so ausgesucht. Wenn du die Natur liebst, gibt es nichts Schöneres.« Natürlich sei es manchmal hart – etwa als sie kürzlich wegen einer Lungenentzündung zwei Wochen nicht arbeiten konnte. Oder als Heinrich nach seinem Sturz sieben Monate lang in die Reha musste. Zehn freiwillige Helfer schickt ihnen der Verein seither pro Jahr. »Ohne die würd's nicht gehen.« Doch ein bequemeres Leben im Tal? Für Ilse unvorstellbar.

Als ich später im Bett liege und dem Bimmeln der Kuhglocken lausche, das von der Jungviehkoppel herüberweht, hänge ich noch – so lange die Müdigkeit es zulässt – meinen Gedanken nach. Ein Leben wie Ilse? Die Kulisse, in der sie lebt, ist ein Traum, kein Heimatfilmregisseur könnte einen lauschigeren Platz erdenken als das 500 Jahre alte Bauernhaus aus verwittertem Lärchenholz, in dem die Großeltern noch heute leben. Und kein Bergfan könnte sich ein spektakuläreres Panorama vorstellen als den Blick vom Stall auf das wildromantische Ultental. Doch würde ich mich nicht eingesperrt fühlen im ewigen Trott aus Stallausmisten und Heuernten? Und wäre mir dieses Tal trotz seiner Schönheit nicht doch bald zu eng?

Am nächsten Morgen sind meine Arme so schwer, als zöge ich noch immer den Rechen hinter mir her. Zum Glück schickt mich Ilse heute ins Haus. Die Breitenbergers sind nicht nur Helden der Arbeit, sondern auch eine ganz normale Familie mit einem Fernsehsofa, hinter dem sich Kindersocken und Erdnussflips verstecken, und mit Kleidungsstücken, die nicht nur Mistspritzer, sondern auch Nutellaflecken abkriegen.

Zusammen mit Gabi, einer 51-jährigen Büroangestellten aus München, die schon eine Woche länger als ich auf dem Tumpfhof mithilft, putze ich einmal durch. Gabi schwärmt von den Vorteilen des Landlebens, ihr gefällt der Einsatz so gut, dass sie überlegt, dauerhaft die Stadt zu verlassen. »Diese Luft, diese Natur! Und das Beste: Ich habe endlich das Gefühl, etwas Sinnvolles zu tun!« Logisch, denke ich, wer anderen hilft, sieht in seinem Handeln ja immer Sinn.

Anderntags füllen Gabi und ich gemeinsam mit Ilse die Heuernte ins Silo. Eine halbe Ewigkeit stapfen wir auf dem raschelnden Grün herum, ich schwitze und fluche. Bis ich irgendwann spüre, wie mich das gleichmäßige Treten und Atmen ungewohnt sanft und friedlich stimmt. Yoga im Heustadl – also doch! Irgendwann ist das Gras so fest gepresst, dass wir das Silo mit einer Folie luftdicht verschließen können. Meine Beine fühlen sich nun zwar an wie nasse Spaghetti, doch das Winterfutter ist sicher. Auch wegen mir. Dann mein erster Einsatz als Holzknecht. Als Ilse, Heinrich, Rudolf, Charlie und ich eine 20 Meter lange Fichte aus dem benachbarten Wald endlich bis auf den letzten Zapfen in Brennholz und Stallstreu verwandelt haben, bin ich so stolz, als hätte ich den ganzen Hof vor dem Erfrieren gerettet. Langsam kann ich es nachvollziehen, Gabis Gefühl von Sinnhaftigkeit.

Dennoch freue ich mich immer besonders auf die Pausen. Nach dem

Jedes Innehalten ein Stück vom Glück

Vom Bergbauernkäse über das Schüttelbrot bis zum Zeitunglesen in Traumpanorama: Unsere Autorin lernte, besonders ihre Pausen zu genießen

Frühstück gibt es Punkt zwölf in der Bauernstube der Oma Gulasch vom eigenen Rind, Kraut aus dem Garten und zum Nachtisch Wuchteln, mit Marillenmarmelade gefüllte Teigtaschen. Um fünf Uhr folgt die Marende, die traditionelle Südtiroler Brotzeit mit selbst geräuchertem Speck und Käse von der Alm des Bruders. Abends um acht stärkt man sich noch einmal mit Kartoffeln und Milch.

Bei diesen Abendessen, wenn auch die Kinder mit am Tisch sitzen, wird viel geredet und gefrotzelt. Vor allem Heinrich, trotz zwölf Stunden Maloche noch quirlig wie ein Duracell-Häschen, sprudelt über vor Witzen, gern auch auf eigene Kosten, dann brüllt die ganze Tafel. Ilse verfolgt den Trubel oft nur ruhig lächelnd. Und ein knappes »Hey!« von ihr reicht aus, um einen Streit der Kinder zu beenden.

Es ist ein fester Rhythmus aus Lärm und Stille, aus wenigen Pausen und viel Arbeit, der meinem Großstadtkörper einiges abverlangt, den Kopf aber angenehm frei räumt – und ja: glücklich macht, auch weil alles plötzlich so logisch erscheint. Selbst der Müll, den wir produzieren, hat seinen Zweck. Aus den Essensresten wird Futter für die Schweine, in die leeren Saftflaschen füllt Oma Walburga ihr Minzwasser. Nichts, was sich noch irgendwie verwerten ließe, wird weggeschmissen.

Schließlich können sich gerade die älteren Breitenbergers gut an Zeiten erinnern, in denen man nicht jederzeit nach Meran fahren und vom Brot bis zum Handy alles kaufen konnte. Bis in die 1970er Jahre waren die meisten Bergbauern Selbstversorger. Auf den Tisch kam, was der Hof hergab: Kartoffeln, Eier, Speck, vor allem aber »Muas«, ein Brei aus Maismehl und Milch, der ein bisschen schmeckt wie flüssige Polenta.

»Zweimal pro Tag haben wir das gegessen«, erzählt mir Oma Walburga, als

Vielleicht steht die Zukunft des Hofes hier auf der Weide. Auch auf dem Tumpfhof sind Haflinger als Zugpferde längst passé, doch die Milch der Stuten ist gefragt. Sie soll gegen Neurodermitis helfen

wir gemeinsam Muas kochen, in einer Riesenpfanne, aus der später die ganze Familie löffelt. Auch sonst sei das Leben oft karg gewesen. Strom gab es erst ab den siebziger Jahren. Ein Telefon in den Neunzigern. Bis dahin mussten die Breitenbergers für jedes Ferngespräch zum nächsten Gasthof laufen.

»Ich hoffe, du weißt, was du tust«, sagte die Mutter, selbst Bäuerin, als Walburga 1962 den »Tumpfer Rudolf« heiratete. Auf dem fremden Hof versorgte sie ihre verwitwete Schwiegermutter und drei behinderte Verwandte. »Wie ich das geschafft habe«, sagt Walburga, »weiß ich auch nicht mehr.«

Neun Kinder brachte sie zur Welt, eines davon mit der Nachbarin als Hebamme, weil die Zeit nicht reichte, um nach Bozen ins Krankenhaus zu fahren. Weiter als bis Bozen ist sie auch ihr Lebtag nicht gekommen. Hat sie sich nie nach der Welt jenseits des Tals gesehnt? Walburga lächelt und schüttelt den Kopf. »Ich kenne es nicht anders. Da vermisst man nichts.«

Können Grenzen auch glücklich machen? Sie geben zumindest Halt. Und schützten die Generation von Rudolf und Walburga vor jenen rasanten Veränderungen, mit denen ihre Kinder jetzt klarkommen müssen. Der Druck, unter dem die Bergbauern durch die zunehmende Technisierung der Landwirtschaft stünden, sei ein Riesenproblem, sagt Heinrich. »Der Stress macht uns noch alle kaputt.«

Es ist mein letzter Abend. Heinrich und ich fahren auf die nahe gelegene Kühbergalm. Wir wollen die Haflinger von dort in ihr Winterlager auf dem Hof bringen. Heute Nacht soll es nun endgültig schneien.

Dass Heinrich gerade jetzt auf den Wandel des Bergbauernlebens zu sprechen kommt, ist kein Zufall, denn die Haflinger sind ein Symbol dafür. In seiner Kindheit, erklärt mir Heinrich, hätten diese Pferde noch die Heuwagen gezogen. Seit den Siebzigern hätten das die Traktoren übernommen. Auch er selbst halte seine Haflingerherde eigentlich nur noch zu Zuchtzwecken. »Das Verrückte ist aber«, ruft er über das Knirschen des Schotters unter den Reifen: »Wir haben durch die Maschinen gar nichts gewonnen! Strom und Sprit werden ständig teurer. Doch der Milchpreis stagniert. Ein Teufelskreis! Also versuchst du, in noch kürzerer Zeit noch mehr zu produzieren. Doch schau dich um ... « Er zeigt auf die Steilhänge vor dem Fenster. »Bei dem Gelände kommen wir nie auf die Mengen, die die Bauern im Tal schaffen. Wenn du dann siehst, dass unsere Hoteliers ihren Gästen lieber Supermarkt-Milch servieren als einheimische Milch ... « Heinrich haut aufs Lenkrad. »Da werd' ich echt sauer!«

Wir sind auf der Alm angekommen, doch von den Pferden ist nichts zu sehen. »Die ahnen wohl, dass sie runter müssen«, witzelt Heinrich, und seine Stimme klingt dabei wieder sanft. Wir stapfen durchs Gras, pfeifen und rufen. Dann sehen wir sie: sechs Stuten und vier Fohlen, zerrupft von den ersten Herbststürmen, aber heil und gesund.

Nur noch ein Lichtstreifen flimmert über den Gipfeln, als wir losmarschieren, jeder von uns eine alte Stute am Halfter neben sich. Die Herde scheint den Weg zu kennen. Leise schnauben die Tiere, ruhig wippen die Mähnen, sie duften nach Kräutern, Erde und Harz. Fast kommt es mir vor, als wandere mit mir nicht eine Herde Haflinger ins Tal, sondern der Sommer selbst.

Ich kann jetzt verstehen, warum Heinrich und Ilse ihr Leben mit niemandem tauschen wollten. Wahrscheinlich kann man der berauschenden Welt hier oben nie näher kommen als in diesem Beruf. Mit Heidi-Romantik hat das nichts zu tun, im Gegenteil. Ständig drohen Unwetter, der unsagbar schöne Bergwald ist gefährlich steil und das wirtschaftliche Überleben alles andere als gesichert.

Aber wer weiß: Womöglich helfen eben diese Pferde, die gerade neben uns trotten, dem Hof ja beim Sprung in die Zukunft. Haflingermilch, hat mir Heinrich erzählt, sei im Tal gefragt, angeblich helfe sie gegen Neurodermitis. Julian, der älteste Sohn, finde die Idee einer Stutenmilchproduktion spannend. Vielleicht will er den Hof ja sogar übernehmen?

Doch das ist eine Frage, über die am Tumpfhof derzeit bewusst nicht gesprochen wird. Zu wichtig finden es Ilse und Heinrich, dass die Entscheidung aus freien Stücken fällt. »Bergbauer sein ist ein Traum«, sagt Ilse. »Aber merken musst du das schon selbst.« ■

Kristina Maroldt, *38, wollte für ihre Familie in Hamburg ein Stück Bergalm mit nach Hause bringen: einen Käse vom Hof der Breitenbergers. Bereits am Brenner konnte sie sich nicht mehr beherrschen und aß ihr Mitbringsel auf.*

MERIAN | EINSATZ BEIM BERGBAUERN

Ehrenamtlich auf einem Südtiroler Bergbauernhof mithelfen kann jeder, der über 18 Jahre alt, gesund und körperlich fit ist. Ideal ist eine Einsatzdauer von ein bis zwei Wochen. Besonders viele Helfer werden während der Heuernte im Sommer gebraucht, doch auch zu anderen Jahreszeiten sind die Bauern dankbar für Unterstützung bei der Arbeit, die in Stall, Haus und Garten anfällt. Der Bozener »Verein Freiwillige Arbeitseinsätze« sucht die Höfe, auf denen man gegen Kost und Logis mithelfen kann, nach strengen Kriterien aus. Jährlich werden rund 300 Betriebe von knapp 2000 Helfern unterstützt. Bei Interesse spätestens einen Monat vor dem geplanten Einsatz ein Anmeldeformular (erhältlich auf der Website des Vereins) ausfüllen. Zusammen mit den Mitarbeitern sucht man dann einen passenden Hof.

Verein Freiwillige Arbeitseinsätze
Südtiroler Bauernbund
Tel. 0471 999309, Fax 999491
www.bergbauernhilfe.it

MERIAN kompass

Jede Aussicht ein Höhenflug: große Sprünge über dem Ultental im Vinschgau

Stolze Berge

Reich, schön und erfolgreich: Südtirol ist Italiens Musterkind – und ein ziemlich unabhängiges noch dazu. Mit großer Ausdauer erstritt sich die Region weitreichende Autonomie und profitiert davon

Seine größten Attraktionen sind Südtirol von der Natur gegeben: die Berge der **Dolomiten,** die von der UNESCO 2009 zum Welterbe erklärt wurden. Die Gebirgskette steht zwar nur zu einem Drittel auf Südtiroler Gebiet, doch zu diesem Drittel gehören so berühmte Schönheiten wie das **Rosengarten-Massiv** und die **Drei Zinnen.** Nicht nur Wanderern gehen die neuen Wege nie aus, sondern auch Wintersportlern: Das Skikarussell **Dolomiti Superski,** zu dem auch die wichtigsten Südtiroler Skigebiete gehören, ist mit **1200 Pistenkilometern** das größte der Welt.
Eine Sehenswürdigkeit, die bei ihrer Entdeckung weltweit für Furore sorgte, misst gerade mal 1,60 Meter und wurde von der Natur 1991 nach vielen Jahrtausenden preisgegeben: **Ötzi,** die mit 5300 Jahren **älteste bekannte Gletschermumie der Welt,** ist im Südtiroler Archäologiemuseum in Bozen ausgestellt.
Italiens nördlichste Region besticht mit ihren **Gegensätzen:** zwischen Gletschern und Palmen, zwischen wegweisender moderner Architektur und bäuerlicher Idylle, zwischen deftigen Knödeln und Haute Cuisine. Das Klima zwischen dem Brenner im Norden und Salurn im Süden, zwischen dem Reschenpass im Westen und dem Kreuzbergpass im Osten schwankt so extrem, dass man nicht nur gefühlt an einem Tag von Sommer zu Winter wechseln kann. Tatsächlich kommt sowohl arktische als auch tropische Vegetation vor.
Mit einer Fläche von 7400 Quadratkilometern ist Südtirol etwa **halb so groß wie Schleswig-Holstein.** Ein Großteil davon ist Gebirgsland. Der höchste Berg ist mit 3905 Metern der **Ortler,** der längste Fluss mit 153 Kilometern die **Etsch** und der größte See mit 1,47 Quadratkilometern der **Kalterer See,** auch bekannt als einer der wärmsten Badeseen der Alpen.
Besiedelt sind nur ungefähr acht Prozent der Fläche, insgesamt leben **gut 518 000 Menschen** in Südtirol, gut ein Fünftel davon in der Provinzhauptstadt **Bozen.** Weitere wichtige Städte sind **Meran** (36 000 Einwohner), **Brixen** (17 000 Einwohner) und **Bruneck** (14 000 Einwohner).
Offiziell hat Südtirol drei vor dem Gesetz gleichgestellte Amtssprachen: **Deutsch, Italienisch** und **Ladinisch,** einen rätoromanischen Dialekt. Auf die Bevölkerung sind sie ungleich verteilt, 70 Prozent der Südtiroler sprechen deutsch, 25 Prozent italienisch und nur fünf Prozent ladinisch. Jede Sprachgruppe hat das Recht auf ein eigenes Schulsystem in der Muttersprache.
Politisch ist Südtirol ein Teil der italienischen Region **Trentino-Alto Adige,** genießt allerdings seit 1972 weitreichenden **Autonomiestatus.** Damals trat das Zweite Südtiroler Autonomiestatut in Kraft. Es gilt international als vorbildlich, doch der Weg dorthin war lang und schmerzhaft – vom Freiheitskampf des Andreas Hofer im 18. und frühen 19. Jahrhundert über die Teilung Tirols, das faschistische Mussolini-Regime und ein zähes Vertragsringen nach dem Ende des Zweiten Weltkriegs. Heute hat die Provinz innerhalb Italiens besondere Gesetzgebungs- und Verwaltungskompetenzen. Die Landesregierung bestimmt z.B. über Straßenbau, Gesundheitswesen und Sozialsystem.
Hinter der Lombardei ist Südtirol die reichste Region Italiens und der Tourismus eine ihrer wichtigsten Einnahmequellen. Im Jahr 2014 wurden knapp **sechs Millionen Gäste** gezählt. Etwas mehr als 50 Prozent der Südtirol-Besucher kommen aus Deutschland, eine Zahl, die seit vielen Jahren leicht, aber stetig ansteigt.

MERIAN | REGIONEN

Touristisch ist Südtirol in elf Gebiete unterteilt.
In fast allen Regionen wird mehrheitlich **deutsch** gesprochen. Die mehrheitlich **italienisch** sprechende Bevölkerung konzentriert sich auf die dicht besiedelte Gegend um Bozen ganz im Süden. **Ladinisch** hört man dagegen eher selten und wenn vor allem in den Dolomiten, etwa im Gadertal oder in Gröden. Der MERIAN Kompass bündelt die Regionen nach Himmelsrichtungen, dazu gibt es Extra-Seiten für Städtetrips nach Bozen, Meran, Brixen und Bruneck.
Die Tipps für den Westen beziehen sich auf das Meraner Land und den Vinschgau, im Norden auf das Eisacktal und das Tauferer Ahrntal. Der Service für den Osten bündelt Empfehlungen für die Regionen Kronplatz, Hochpustertal, Alta Badia und Gröden. Zum Süden zählen die Seiser Alm, die Region Rosengarten-Latemar und das vergleichsweise große Feriengebiet »Südtirols Süden«.

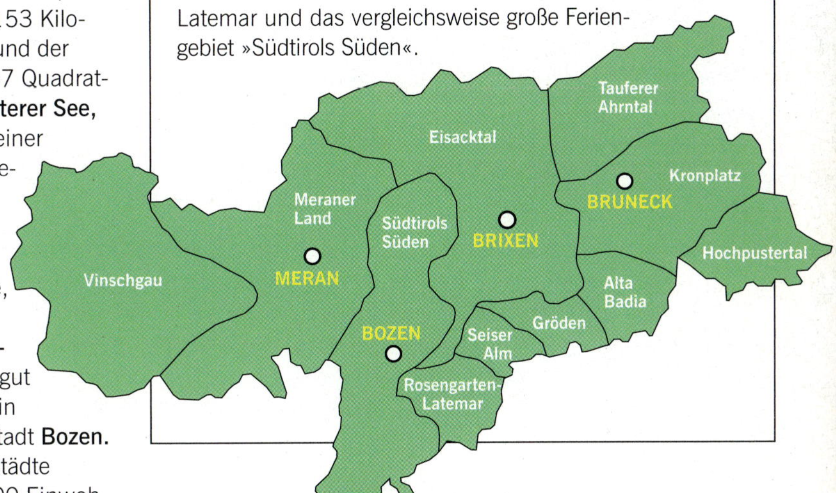

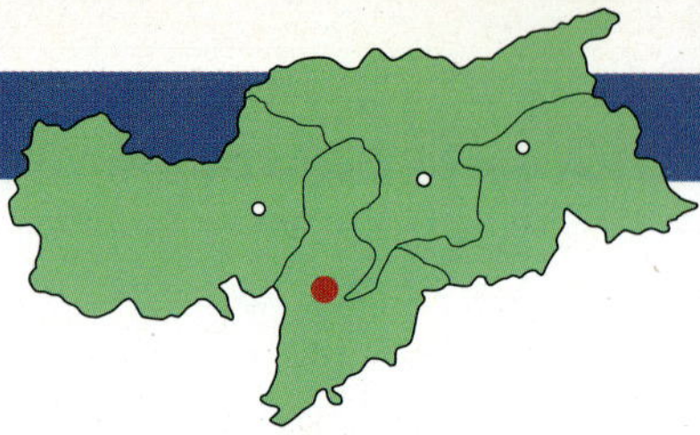

MERIAN | DAS BESTE ZUERST

Drei Häuser in einem

Die Laubengasse ist Bozens älteste und berühmteste Straße. Ihre Häuser sind zwar schmal, aber nicht zu unterschätzen. Fassade ist nicht alles

Als die Bischöfe von Trient im 12. Jahrhundert den Handelsplatz Bozen errichteten, legten sie ihn entlang der alten Kaiserstraße vom Brenner nach Rom an. Die Stadt bestand damals im Wesentlichen aus dem Bischofspalast am Kornplatz und der **Laubengasse.** In dieser Straße ließen sich Kaufleute und Handwerker nieder, der begrenzte Platz wurde in schmale Parzellen von je etwa 3,60 Meter Breite aufgeteilt – in die Tiefe allerdings hatten die Besitzer mehrere Dutzend Meter Platz. Also bauten sie extrem schmale, dafür sehr lange und möglichst hohe Häuser – diese charakteristische Architektur ist bis heute erhalten. Ein **Laubenhaus** hat drei Teile: das Vorderhaus an der Laubengasse, das später errichtete Mittelhaus und das Hinterhaus zu einer parallel liegenden Straße. Dazwischen liegen Höfe, die für ausreichend Licht und Luft sorgen. In den offenen Rundbögen vor den Vorderhäusern, dem heutigen **Laubengang**, boten die Kaufleute, geschützt vor Sonne und Wetter, tagsüber ihre Waren an. In jüngster Zeit wurden zahlreiche Laubenhäuser zusammengelegt, typische Merkmale wie Holzbalken im Mauerwerk oder Natursteinböden sind nur noch selten zu sehen. Eines aber hat sich seit dem Mittelalter nicht verändert: In den Lauben wird alles verkauft, was das Herz begehrt.

Bummel durch die Geschichte: die Laubengasse

Besonders schön renoviert wurde das Rizzolli-Haus. Im gleichnamigen Schuh- und Hutgeschäft führt man an Architektur interessierte Besucher auf Nachfrage gern herum. (M 6) Laubengasse 60

SEHENSWERTES

Dom

Weniger kunstbeflissene Naturen behaupten, der Bozner Dom Maria Himmelfahrt sei von außen spektakulärer als von innen. Und an einem lauen Sommerabend auf dem Waltherplatz, wenn der Rosengarten am Horizont rot leuchtet, man womöglich gerade mit einem »Hugo« in der Hand in einem der Cafés sitzt und sich der aus rötlichem Sandstein filigran gearbeitete Turm vor dieser Kulisse abzeichnet, ist das schon schwer zu leugnen. Aber der Besuch im Innern lohnt dennoch: angenehm schlichtes Barock, eine filigrane Kanzel von 1514 und links vom Altar das Fresko »Die Plappermuttergottes«, vor dem angeblich Kinder mit Sprachproblemen geheilt werden.
(M/N 6) Pfarrplatz

MMM Firmian / Schloss Sigmundskron

Bronzene Tempelwesen aus Nepal und Tibet und Museumsstücke aus der Geschichte des Alpinismus in einer mehr als 1000 Jahre alten Tiroler Burg, deren Ruine dank cleverer zeitgenössischer Architektur wieder gangbar gemacht wurde. Das ist kurzgefasst das Messner Mountain Museum Firmian auf Schloss Sigmundskron. Dabei ist Firmian so viel mehr: eine wunderschöne, riesige Burganlage, in der Kinder toben können, außerdem einer der Herzschlagorte der Südtiroler Autonomiebewegung. Hier versammelten sich 1957 mehr als 30 000 Südtiroler und skandierten »Los von Trient!«. Und für an der Bergsteigerei Interessierte ist das Museum sowieso ein Muss.
(E 5) Sigmundskroner Str. 53
www.messner-mountain-museum.it

Gries

Im Stadtteil Gries laufen die Dinge noch gemütlicher als in der Bozner Altstadt. Er ist teilweise noch vom Wein- und Obstbau geprägt, außerdem gibt es hier herrliche Häuser aus dem 19. Jahrhundert. Das Kloster Muri Gries dominiert den alten Ortskern – besichtigt werden kann leider nur die barocke Stiftskirche. Doch kein Reisender sollte Bozen verlassen, ohne den Lagrein vom klostereigenen Weingut verkostet zu haben.
(F 5) Grieser Platz 21
www.muri-gries.com

Siegesdenkmal und Nuovo Bolzano

Mit dem Siegesdenkmal jenseits der Talfer setzte Mussolini klare Zeichen: »Von hier aus kultivierten wir die Anderen durch Sprache, Gesetze und Künste« kündet die Inschrift des Triumphbogens. Nachdem das den deutschsprachigen Südtirolern verhasste Monument jahrelang unbegehbar war, ist es seit Juli 2014 mittels der hochinteressanten Ausstellung »BZ 1918-1945, ein Denkmal, eine Stadt, zwei Diktaturen« wieder zu besichtigen. Thematisiert werden

Die Lettern (A 1) beziehen sich auf die Karte ab S. 147

u.a. die Geschichte des italienischen Faschismus, die Italienisierung Bozens und die Rolle des nationalsozialistischen Deutschlands für Südtirol. Das Siegestor markiert den Übergang vom mittelalterlichen Bozen ins »italienische« Nuovo Bolzano. Der Stadtteil mag bei vielen Deutsch-Südtirolern bis heute unbeliebt sein – Architekturinteressierten hat er viel zu bieten: Die modernen Bauten aus der Mussolini-Zeit mit marmorverkleideten Fassaden und Flachdächern sind schnörkellos. Eindrucksvoll ist der Gerichtsplatz, sehenswert auch das GIL an der Drususbrücke, ehemals Quartier der faschistischen Jugendorganisation. Exemplarisch für den Stil jener Zeit sind auch das Schwimmbad Lido an der Trieststraße und die Piazza IV Novembre mit dem ehemaligen Sitz des Armeekommandos.
(L 5/6) Siegesplatz
www.siegesdenkmal.com/de.html

Museion – Museum für moderne und zeitgenössische Kunst

Es gibt zwei Gründe, das Museion an einem Donnerstagabend zu besuchen: Zum einen ist der Eintritt dann gratis. Zum anderen hat es an diesem Abend bis 22 Uhr geöffnet – und abends leuchten die elegante Fußgängerbrücke über die Talfer, die zum Museum führt, und das futuristische Gebäude selbst in Neonfarben. So ist bereits der Weg dorthin ein Kunstgenuss. Zu sehen sind Werke aus der Zeit von 1990 bis heute. Nicht verpassen sollte man den Shop, der neben Büchern über Kunst, Fotografie und Mode auch die Objekte junger Südtiroler Designer verkauft.
(L/M 6) Dantestr. 6
www.museion.it

In zwölf Minuten zum Ritten: die Talstation der Seilbahn

Naturmuseum

Entertainment- und Bildungshochburg zugleich. Man wird viele Stunden großartig unterhalten und verlässt das ehemalige Amtshaus von Kaiser Maximilian I. um vieles schlauer, als man hineingegangen ist. Der Rundgang gleicht einer Zeitreise durch fast 300 Millionen Jahre Erdgeschichte: aus urzeitlichem Vulkangebiet durch tropische Korallenriffe (ein 9000-Liter-Aquarium zeigt, wie es vor 230 Millionen Jahren rund um den Langkofel aussah) bis zur heutigen Südtiroler Flora und Fauna, von hochalpin bis zu den Palmen im Tal. Unterwegs gibt es interaktive Lernspiele.
(N 5) Bindergasse 1
www.naturmuseum.it

Ritten

(F 5) Im Winter ist Bozen oft die kälteste Stadt Italiens. Erstaunlicherweise ist sie im Sommer aber auch oft die heißeste – schließlich liegt sie im Talkessel auf einer hitzespeichernden Porphyr-Gesteinsschicht. Der manchmal extremen Schwüle entfliehen die Bozner mit einer Seilbahn, die im 4-Minuten-Takt aus der Stadt auf das Hochplateau des Ritten fährt. Dort stehen die Sommerfrische-Villen, die reiche Kaufleute sich ab dem 17. Jahrhundert bauten. Das »Rittner Bahnl«, die letzte Schmalspurbahn Südtirols, von der einige Wagen bis heute holzvertäfelt sind, fährt seit 1907 bis nach Klobenstein.

Erdpyramiden

(F 5) Monumentale Naturskulpturen aus getrocknetem Moränenlehm, geformt von Wind und Wetter, geschützt von je einem Deckstein auf ihren Spitzen, die die einzelne Säule vor dem Abspülen schützt. Durch Erosion werden die Säulen jedes Jahr ein klein wenig höher – manche am Ritten erreichen Ausmaße von bis zu 30 Metern. Der Weg dorthin: eine gute halbe Stunde Fußmarsch vom Klobenstein auf markiertem Weg.

Sarntal

(F 4/5) Aufregend ist nur die Fahrt von Bozen ins Sarntal, durch die steile Sarner Schlucht, entlang roter Porphyrfelsen durch zahllose Tunnel und Galerien. Ist man einmal angekommen, legt sich die Ruhe des Tals auch auf den Besucher: sattgrün leuchtende Wiesen, im Frühjahr voller Blumen, stille Dörfer und dunkle Wälder. Als Ausflugsziel bietet sich das Rohrerhaus an (www.rohrerhaus.it), ein mühsam und liebevoll sanierter Hof aus dem 13. Jahrhundert, den man bei einer Führung besichtigen kann. Und eine Wanderung zu den mehr als hundert »Stoarnernen Mandln« auf der »Großen Reisch« ist ein Erlebnis. Um die aus Steinen aufgeschichteten, teils mannshohen Türme ranken sich Legenden aus der Zeit der mittelalterlichen Hexenverfolgung.
www.sarntal.com

Schloss Runkelstein

(F 5) Eine Burg wie aus dem Bilderbuch: Schloss Runkelstein thront auf einem Felsen am Eingang des Sarntals, mit Burggraben, Falltor, Wehrgängen und stolzen Zinnen. Außerdem ist die Burg selbst ein gigantisches Bilderbuch: Sie beherbergt den größten, aus dem Mittelalter erhaltenen, profanen Freskenzyklus der Welt, weshalb sie auch »Bilderburg« genannt wird. Zu sehen sind Ritterturniere, Bärenjagden, Festszenen und martialische Rüstungen. Dazu, in einer Art mittelalterlichem Schwarz-Weiß-Comic, die Liebesgeschichte von Tristan und Isolde.
St. Anton 15
www.runkelstein.info

Südtiroler Archäologiemuseum

(M 6) Berühmtestes von vielen spannenden Exponaten ist die Eismumie »Ötzi« (siehe auch Seite 68).
Museumstr. 43
www.iceman.it

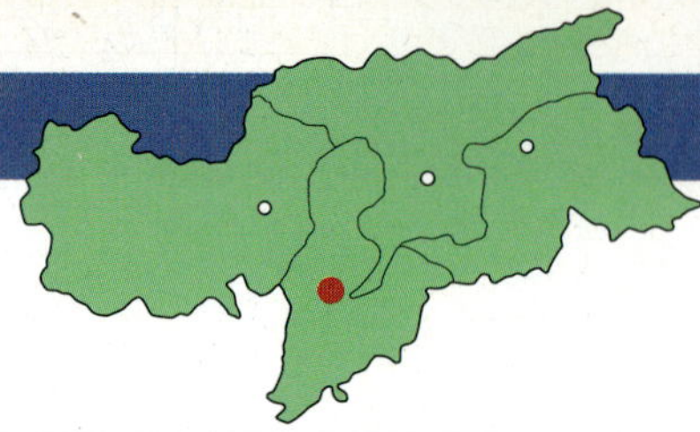

MERIAN | SHOPPING

Engel auf dem Einkaufszettel

Wer die richtigen Adressen kennt, bekommt in Bozner Geschäften alles vom Feinsten. Wein, Mode, Speck – und ein Engelchen aus Keramik

Die alte Handelsstadt Bozen ist auch heute noch ein Shopping-Paradies – mit auffallend vielen Sport- und Outdoor-Geschäften. Beeindruckend sind etwa die beiden großen **Sportler**-Filialen, in denen man in einem riesigen Klettertunnel die neuesten Bergsteiger-Produkte testen kann. Unter den Lauben findet sich neben den Flagship-Stores der großen Ketten das Modekaufhaus **Oberrauch-Zitt,** das neben Loden und Trachten auch aktuelle Mode führt. Ein Luxustempel zum Schwelgen ist **Thaler:** Wer Parfüm, Kosmetik, Champagner oder edle Bad-Accessoires sucht, ist hier an der richtigen Adresse. Am oberen Ende der Laubengasse liegt der Obstmarkt, bester Umschlagplatz für Delikatessen und frische Lebensmittel. Proppenvoll ist es dort so gut wie immer bei **Feinkost Egger,** kein Wunder, denn dass Würste und Speck hier überaus köstlich sind, weiß man weit über Bozen hinaus. An der Dr.-Streiter-Gasse, auf der Rückseite der Lauben, bietet die **Vinothek Enovit** eine beeindruckende Auswahl Südtiroler Weine (siehe Seite 8). Außerhalb der Innenstadt lohnt ein Abstecher zu **Zilla** und den unkonventionellen Handtaschen der Boznerin Sylvia Pichler, die auch in London, Paris und Mailand verkauft werden. Und dann ist da noch der Klassiker: Typisches Souvenir der Stadt ist der **Bozner Engel,** ein Keramikfigürchen aus dem Hause Thun, das einem schlafenden Kleinkind nachempfunden ist. Geschmackssache sicherlich, aber in Italien, wo zu fast jedem Haushalt ein Thun-Engel gehört, fast schon ein Kulturgut. Das **Thuniversum** vor den Toren der Stadt ist ein Paradies für Deko-Fans. Berühmtester Spross der Familie Thun ist übrigens Stararchitekt Matteo.

Sportler (N 6) Laubengasse 1 und 37, www.sportler.com
Oberrauch-Zitt (M 6) Laubengasse 67, www.oberrauch-zitt.com
Thaler (M 6) Laubengasse 69, www.thaler.bz.it
Feinkost Egger (M 6) Obstmarkt 7, www.feinkostegger.it
Vinothek Enovit (M/N 5/6) Dr.-Streiter-Gasse 30, www.enovit.it
Zilla (M 7) Edisonstr. 15, www.zilla.it
Thuniversum (M 7) Galvanistr. 29, www.thun.it

Cobos »Fischbänke«: Wein, Snacks und eine Prise Anarchie

ÜBER NACHT

Gasthof Kohlern

15 Minuten braucht die Kohlern-Seilbahn für 800 Meter – und eine Reise in eine andere Zeit. Der Gasthof im alpinen Jugendstil bietet seit 1908 Gästen Quartier, Arthur Schnitzler und Franz Kafka waren hier schon zu Gast. Seither wurde mit viel Gefühl renoviert: Holzböden und -balken blieben erhalten, neu ist zum Beispiel der spektakuläre Pool. Die Zimmer haben riesige Fenster – wichtig bei dieser Aussicht!
(F 5) Kohlern 11
Tel. 0471 329978
www.kohlern.com
16 Zi., DZ/Frühstück ab 130 €

Hotel Greif

Das modernste Hotel Bozens – in 500 Jahre alten Mauern. Das Haus ist gründlich saniert, jedes Zimmer hat ein anderer Künstler gestaltet. Besonders schön: das Maisonette-Zimmer 302 von Erich Kofler-Fuchsberg mit erotischen Zeichnungen und die 211, ein Raum mit Dachschrägen, von Manfred Alois Mayr mit historischen Möbeln ausgestattet.
(M/N 6) Waltherplatz
Tel. 0471 318148
www.greif.it *33 Zi., DZ/Frühstück ab 188 €*

Parkhotel Holzner

Ein Familienparadies: zwei großzügige Spielplätze, Spielzimmer mit allem Drum und Dran, ein Streichelzoo, dazu ein einfallsreiches Kinderprogramm. Erwachsene genießen das liebevoll renovierte Ambiente eines Hotelklassikers im alpinen Jugendstil mit alten Möbeln, sehr gutem À-la-carte-Restaurant, großem Pool und Spa-Bereich.
(F 5) Oberbozen, Dorf 18
Tel. 0471 345231
www.parkhotel-holzner.com
42 Zi., DZ/Frühstück ab 182 €

Parkhotel Laurin

Es lohnt sich, im ersten Haus am Platz mit großzügigem Park, Skulpturen- und Rosengarten und Pool zu übernachten. Pianomusik verbreitet beschwingte Stimmung, die Drinks sind exzellent, und das Restaurant ist vorzüglich. Die Zimmer sind mit Möbeln aus der hauseigenen Tischlerei ausgestattet. Extravagant: das Rooftop-Zimmer mit Dachterrasse.
(N 6) Laurinstr. 4, Tel. 0471 311000, www.laurin.it
100 Zi., DZ/Frühstück ab 296 €

Die Lettern (A1) beziehen sich auf die Karte ab S. 147

Residence Fink

Wie zu Hause sollen sich die Gäste in den zwölf Wohnungen mitten in Bozen fühlen – das tut man gern und träumt vielleicht davon, dass es zu Hause genau so sein sollte: viel Licht, viel Weiß, viel Holz, Dielenböden – und viel Platz. Bis zu acht Personen kommen in einer Wohnung unter.

(M 6) Mustergasse 9
Tel. 0471 095091
www.residence-fink.it
12 Wohnungen, ab 2 Nächten ab 100 € für 2 Personen pro Nacht

ESSEN & TRINKEN

Batzenhäusl

In einem der ältesten Wirtshäuser der Stadt eröffnete Bier-Sommelier Robert Widmann 2012 seine Wirtshausbrauerei. In kupferfarbenen Kesseln werden zehn verschiedene Sorten »Batzenbräu« gebraut, darunter Saison- und Spezialbiere. Dazu gibt es bis nach Mitternacht einfache, bürgerliche Gerichte – auch im großen Gastgarten. Außerdem gehört der Veranstaltungskeller »Sudwerk« zum Haus.

(N 5) Andreas-Hofer-Str. 30, Tel. 0471 050950, www.batzen.it

Fischbänke

Ob »der Cobo« nun ein Lebenskünstler ist oder ein Spinner, darüber gehen die Meinungen auseinander. Unstrittig ist, dass Rino Zullo, so sein ziviler Name, eine sehr originelle Kneipe betreibt. Auf Marmortischen historischer Fischverkaufsstände serviert er Bruschetta und Weißwein mit Aperol. Ein Dach über dem Kopf gibt es – von Sonnenschirmen abgesehen – nicht. Trotzdem trifft sich dort halb Bozen zum Aperitif und plaudert mit Cobo, der nebenbei Bozen-Comics zeichnet.

(M/N 5/6) Dr.-Streiter-Gasse 28 *Geöffnet ist in der warmen Jahreszeit und nur bei schönem Wetter*

Löwengrube

Ein unverkrampftes Zusammenspiel von historisch und modern – hier ist es den Architekten gut gelungen. Und so ist die »Löwengrube« neugotische Wirtsstube von 1543 und schicke Lounge aus Stahl und Glas zugleich. Die Küche ist mediterran-experimentell mit überwiegend Südtiroler Produkten, die Weinkarte verzeichnet mehr als 1000 Positionen.

(O 5/6) Zollstange 3
Tel. 0471 970032
www.loewengrube.it

Ristorante da Piero

Drei Viertel der Bozner sind italienischsprachig – und natürlich gibt es hier gleich einige erstklassige Pizzerien. »Weltmeister« in Sachen Pizza sei Piero am Grieser Platz – schwören auch deutschsprachige Bozner.

(F 5) Grieser Platz 16
Tel. 0471 401343
www.ristorante dapiero.eu

(F 5) Kardaun

Der Eggentaler

Saftige Tomahawk-Steaks aus Texas, fein marmoriertes Filet vom Dry Aged Beef: Gern gibt Armin Schmieder in seinem Traditionsgasthof mit 150-jähriger Geschichte den Grillmeister. Wären nicht auch sein Risotto und seine hausgemachte Pasta vorzüglich, müsste man sein Restaurant als »Hölle für Vegetarier« beschreiben. So aber: einfach gut!

Eggentalerstr. 47
Tel. 0471 365294
www.eggentaler.com

(F 5) Ritten

Patscheider Hof

Der Rosengarten, dessen rotes Leuchten man von der Terrasse des »Patscheider Hofs« in voller Schönheit sieht, lenkt den Blick von Luis Rottensteiners Köstlichkeiten ab. Doch Schlutzkrapfen, Nocken, Kalbshaxe und im Herbst Kastanien holen jede Genießerseele schnell zurück an den Tisch.

Signat 178
Tel. 0471 365267
www.patscheider-hof.com

(F 4) Sarntal

Gourmetrestaurant Alpes

Gastgeber Gregor Wenter hat sich einen Shootingstar ins Restaurant des »Hotels Bad Schörgau« geholt: Sein Schwager Egon Heiss, mit einem Michelin-Stern gekrönt, kocht jeden Abend zwei Menüs aus regionalen Produkten, z. B. Sarner Bachforelle, Latschenrisotto, Waldklee, Buttermilcheis. Wer möchte, kann in dem liebevoll gestalteten Haus auch übernachten.

Putzen 24
Tel. 0471 623048
www.bad-schoergau.com

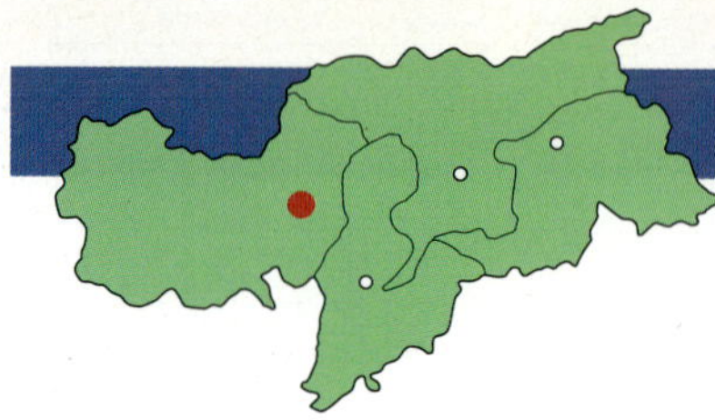

MERAN (E4)

SEHENSWERTES

Promenaden

Meran bietet gleich mehrere schöne Spazierwege. Zentrale Flaniermeile der Stadt ist die **Kurpromenade,** die durch ein Meer von Blumen an der Passer entlangführt. Sie endet an der Postbrücke, wo zwei andere beliebte Wege ihren Anfang nehmen: Die **Sommerpromenade** an der Südseite des Flusses ist gesäumt von großen Pappeln, Kiefern und Mammutbäumen, hier steht auch das Denkmal der Kaiserin Elisabeth. Am Nordufer verläuft die **Winterpromenade** entlang des alten Stadtkerns und durch die Wandelhalle, ein Jugendstilbau von 1889, der mit großformatigen Landschaftsbildern geschmückt ist. Von der Gilfschlucht am Fluss führt die **Gilfpromenade** in Richtung Zenoburg, eine sonnige Route, an der subtropische Pflanzen gedeihen. Sie endet am Pulverturm, wo eine der bezauberndsten Höhenpromenaden Europas beginnt: Der vier Kilometer lange **Tappeinerweg** bietet großartige Panoramen, am Wegesrand wachsen Himalayazedern, Ölbäume und Magnolien.

Gärten von Schloss Trauttmansdorff und Touriseum

Die Trauttmansdorffer Gärten oberhalb der Stadt sind die schönsten botanischen Gärten Italiens. Auf zwölf Hektar werden über 80 Gartenlandschaften gezeigt, Reben wachsen hier ebenso wie Lotosblumen im Seerosenteich und duftende Macchia. Planen Sie für den Besuch möglichst einen ganzen Tag ein, denn in Schloss Trauttmansdorff, ehemals Feriensitz von Kaiserin Elisabeth, lohnt mit dem Touriseum ein ebenso informatives wie unterhaltsames Museum den Besuch. Mit viel Ironie und auch mal bunt und schrill führt eine Ausstellung durch Südtirols 200-jährige Tourismusgeschichte. Zu Recht eines der beliebtesten Museen der Region.
St. Valentinstr. 51 a
www.trauttmansdorff.it
www.touriseum.it

Wellness-Tempel von Matteo Thun: Meran

Therme Meran

Ja, die 2005 eröffnete Wellnesshalle ist sehenswert – wenn auch das Erleben, das Erholen und das Genießen im Vordergrund stehen. Das Design im Innern des 48 mal 48 Meter großen Glaskubus im Zentrum der Anlage ist ein Werk des Südtirolers Matteo Thun: farbenfrohe Kunststoffringe und kugelförmige Leuchten hängen wie ein riesiges Mobile in der Schwimmhalle, die tagsüber kein künstliches Licht braucht. Es gibt 25 Innen- und Außenpools, dazu mehrere Saunen – und eine Vielzahl von Spa-Anwendungen.
Thermenplatz 9, Tel. 0473 252000
www.thermemeran.it

Dorf Tirol

Schloss Tirol

Dieser Burg (und den Grafen von Tirol) verdankt das Land seinen Namen. Vom ursprünglichen Bauwerk sind u.a. noch die romanischen Portale am Palas und an der Kapelle erhalten. Seit 2003 beherbergt das Schloss das »Südtiroler Landesmuseum für Kultur- und Landesgeschichte«, in dem der Besucher entlang der ausgestellten Artefakte eine Reise vom frühen Mittelalter bis in die Gegenwart

berühmte Therme

Südtirols unternimmt. Ein Highlight für Kinder ist das »Kinderschloss Tirol«, eine Art Museumstheater. Kleine Gäste können hier in Kostüme und Rollen verschiedener historischer Persönlichkeiten schlüpfen.
Schlossweg 24, www.schlosstirol.it

ÜBER NACHT

Hotel Aurora

Der richtige Platz für alle, die zentral und sehr schick wohnen wollen. 1874 eröffnete hier die »Pension Aurora«, 1963 dann das Hotel. Es war das erste Haus Merans, in dem jedes Zimmer ein eigenes Bad hatte. Heute ist nicht nur jedes Zimmer von einem Designer gestaltet, sondern auch die Bar »**Sketch**« (s. S. 38).
Passerpromenade 38
Tel. 0473 211800
www.hotel-aurora-meran.com
36 Zi., DZ/Frühstück ab 152 €

Castel Fragsburg

Zentral gelegen ist dieses Hotel nicht gerade, und die fünf Kilometer lange Straße dorthin ist kurvig, schmal und steil. Doch der Weg lohnt sich: unglaublicher Blick, sonnige Lage am Hang, herrliche Ruhe! Die Anlage bietet alles, was man für erholsame Ferien braucht. Die Zimmer und Suiten sind herrschaftlich dekoriert. Preisgekrönt ist die Küche im Restaurant des Hauses.
Fragsburg 3, Tel. 0473 244071
www.fragsburg.com
20 Zi., DZ ab 392 € inkl. Halbpension

Miramonti

Dass Carmen und Klaus Alber sich in dieses Haus hoch über Meran verliebt haben, sieht man sofort – auch an der Mühe, die der Umbau ihnen wert gewesen ist. Sehr viel Glas haben sie in die Gestaltung eingebracht, so hat man beim Abendessen, wenn einem das Lichtermeer von Meran zu Füßen liegt, ein Gefühl, als befände man sich im Landeanflug auf die Stadt.
St. Kathreinstr. 14
Tel. 0473 279335
www.hotel-miramonti.com
36 Zi.u.Suiten, DZ/Frühstück ab 170 €

Ottmanngut

Die Brüder Martin und Clemens Kirchlechner haben die Villa aufwendig renoviert und für Licht und Frische gesorgt. Was früher Pension hieß, nennen sie Suite & Breakfast, und der Name betont das Frühstück zu recht: Kein Büfett, keine Karte, die Gastgeber bringen ihre Spezialitäten einfach an den Tisch: Saiblingstatar, Feigensalat mit Speck und Ricotta und hausgemachten Quittensaft.
Verdistr. 18, Tel. 0473 449656
www.ottmanngut.it
9 Zi., DZ/Frühstück ab 198 €

Schenna
Hohenwart

Aus der kleinen Pension von Franz und Anna Mair ist inzwischen ein Hotel mit drei Häusern geworden. Und trotzdem fühlt man sich als Gast immer noch so, als sei man zu Hause. Sensationell sind die Terrasse mit Blick auf die Berge sowie die Wellness-Oase mit Solebecken und Panoramasauna (s. S. 24).
Verdinserstr. 5, Tel 0473 944400
www.hohenwart.com
90 Zi., DZ/Frühstück ab 208 €

Dahoam Naturresidence

Passivhaus, Naturpool und Regenwassernutzung: Das klingt ökologisch korrekt, und die fünf Apartments bieten noch mehr: Sie sind extrem chic und elegant, in warmen Naturfarben eingerichtet und mit edlem Eichenparkett und riesigen Fenstern aus Lärchenholz ausgestattet. Was Sinn macht, denn der Ausblick über Meran und das Burggrafenamt ist gigantisch.
Pichlerstr. 26, Tel. 349 5086753
www.dahoam.it
5 Apartments, ab 777 €/Woche

MERIAN | FEINKOST

Souvenirs mit Geschmack

Dürfte man während eines Südtirol-Urlaubs nur einen einzigen Laden betreten, es sollte **Pur Südtirol** sein. Alle Produkte dort sind aus der Region, alle sind allerbeste Qualität und alle sind wunderschön schlicht verpackt: Speck, Käse, Früchte und Gemüse, Butter, Milch, Marmeladen, Brot, Wein, Süßigkeiten, Nudeln, Kräuter, Kosmetik – eigentlich würde man hier gern alles in den hübsch geflochtenen Einkaufskorb legen. Die Läden – es gibt weitere Filialen in Bozen und Bruneck – sind großzügig gestaltet, statt in Regalen liegen die Waren in Kisten aus hellem Apfelholz. Ein kleines Bistro gehört an allen Standorten dazu, bringen Sie also Zeit mit!
Freiheitsstr. 35
www.pursuedtirol.com

Gutes für zu Hause: »Pur Südtirol«

ESSEN & TRINKEN

Forsterbräu Meran

Hier ist vor allem der Biergarten zu empfehlen, wunderschön in einem Innenhof gelegen. Doch auch das Ensemble von Bierkeller, Schwemme, Sixtussaal und Brausaal ist seit mehr als einem halben Jahrhundert eine Meraner Institution. Gekocht wird typisch südtirolerisch. Für Bierliebhaber: Es gibt zwei verschiedene Degustationsmenüs mit je fünf Gerichten zu verschiedenen Forst-Bieren.
Freiheitsstr. 90, Tel. 0473 236535
www.forsterbrau.it

Gelateria Oasi

In Meran soll das Eis besonders gut schmecken – und diesen Ruf dürfte die Stadt dem »Oasi« zu verdanken haben. Hier wird das Eis nach alter Tradition von Hand gemacht. Meist ist die Schlange lang, Sitzgelegenheiten gibt es kaum. So steht man auf der Straße, isst sein Eis und kommt ins Gespräch. Besonders gut: die mit riesigen Eiskugeln gefüllten Brioches.
Carduccistr. 4, www.oasi-gelateria.it

Seibstock

Mehr als 100 Jahre gibt es das Feinkostgeschäft unter den Lauben schon, inzwischen inklusive Bistro im Kellergewölbe. Im Angebot: selbst gemachte Senfmarmeladen, Pastasaucen – und den angeblich besten Speck des Landes. Wer das alles im Bistro probieren möchte, sollte reservieren!
Laubengasse 227, Tel. 0473 237107
www.seibstock.com

Sissi

Andrea Fenoglio ist ein Großer der Südtiroler Gastro-Szene – und berühmt z.B. für seine »Flüssige Pizza«: ein Schnapsglas mit Mini-Büffelmozzarella auf einem Kondensat von Tomaten, Röstbrot, Oregano und Olivenöl. Die gedämpfte Artischocke mit getrüffeltem Ei serviert er seit Jahren, weil er findet, das Rezept sei nicht zu verbessern. Recht hat er!
Galileistr. 44, Tel. 0473 231062
www.sissi.andreafenoglio.com

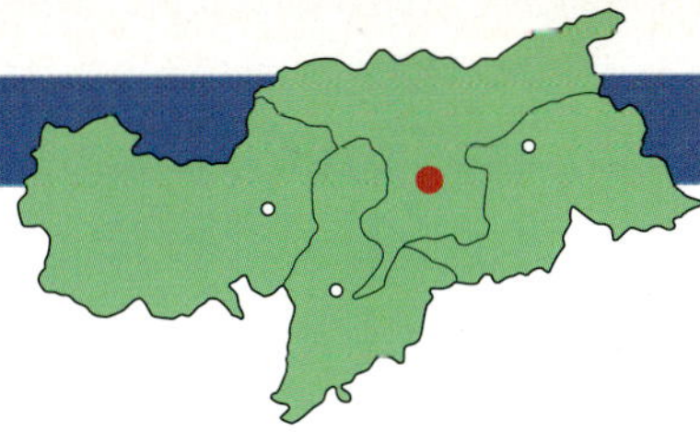

Geschichten an der Decke: Fresken im Kreuzgang des Brixner Doms

BRIXEN (G4)

SEHENSWERTES

Brixner Dom und Gotischer Kreuzgang

Der Brixner Dom ist ein barocker Prachtbau mit all der Üppigkeit, die diese Stilform auszeichnet: 33 verschiedene, vornehmlich dunkle Marmorarten, vergoldeter Stuck, farbenfrohe Fresken, eine reich vergoldete Kanzel und prachtvolle Schnitzereien an den Holzbänken – trotzdem wirkt all das nicht überladen, sondern erstaunlich harmonisch. Sehr schön ist auch der sich an den Dombau anschließende gotische Kreuzgang. 15 von 20 Arkadenbögen sind mit der sogenannten »Armenbibel« bemalt. Diese Fresken in leuchtenden Farben zeigen, einem Bilderbuch gleich, Szenen aus dem Alten und Neuen Testament. Besonders beliebt ist das Bild des »Rüsselpferdes« mit Schlackerohren und einer Posaunen-Nase.
Domplatz 1

Hofburg

Hier lebten und herrschten viele Jahrhunderte die Brixner Bischöfe als geistliche und weltliche Machthaber. Von außen sieht das Gebäude tatsächlich wie eine Burg aus, innen wirkt es deutlich graziler: elegante Arkaden, Loggien mit dunklen Terrakottafiguren und ein plätschernder Springbrunnen. Die Hofburg beherbergt heute das Diözesanmuseum samt Domschatz und eine Weihnachtskrippen-Sammlung.
Hofburgplatz 2, www.hofburg.it

Kloster Neustift

Das Augustiner-Chorherrenstift überwältigt selbst Besucher, die Klöstern und Kirchen normalerweise wenig abgewinnen können. Die dreischiffige Basilika ist ein lichtes, helles Prachtstück des Barock, dessen Himmel von fast 300 Marmorengeln bevölkert ist. Die im Rokokostil dekorierte Stiftsbibliothek beherbergt 92 000 Bücher; um darin zu lesen, bedarf es allerdings einer speziellen Genehmigung. Also zieht der Besucher staunend weiter in den freskengeschmückten Kreuzgang und die Pinakothek mit gotischen Tafelbildern und Altären. Wem dann der Sinn nach weltlicheren Genüssen steht, dem sei die Stiftskellerei ans Herz gelegt, in der die Mönche bis heute hervorragende Weine keltern.
Stiftstr. 1, www.kloster-neustift.it

Lauben

Die malerischste Laubengasse Südtirols macht einen Knick, deshalb gibt es hier die »Großen Lauben« und die »Kleinen Lauben«. Sie sind deutlich schmaler angelegt als die in Bozen oder Meran, die Fassaden sind reich geschmückt. Dahinter findet man hübsche, alteingesessene Läden und kleine Restaurants.

ÜBER NACHT

Hotel Pupp

Wie drei übereinandergestapelte und ineinander verkeilte Schachteln sieht der weiße Bau am Rande der Altstadt aus. Der Clou des mit vielen Designklassikern ausgestatteten Hotels sind die uneinsehbaren Terrassen, kleinen Gärten und Außen-Whirlpools, die zu den Suiten gehören. »Sahne« oder »Schokolade« heißen die Zimmer nicht

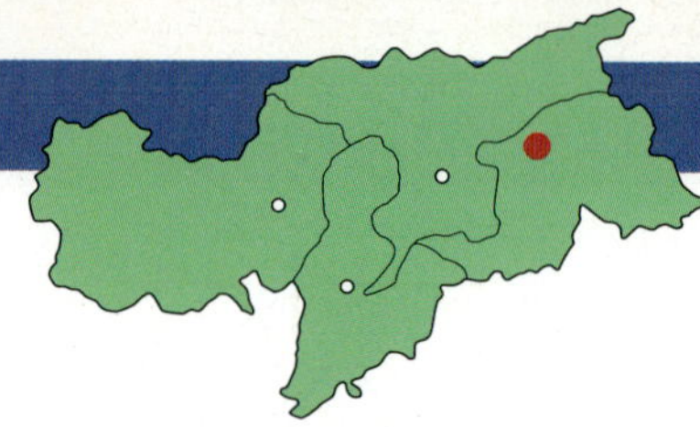

ohne Grund: Die Pupps haben ihre Konditorei gegenüber – ein wahrer Glücksfall fürs Frühstücksbüfett.
Altenmarktgasse 36
Tel. 0472 268355
www.small-luxury.it
11 Zi., DZ/Frühstück ab 188€

ESSEN UND TRINKEN

Finsterwirt

Der »Finsterwirt« trägt seinen Namen, weil im 18. Jahrhundert in der damaligen Domkapitelschenke Wein nicht bei künstlicher Beleuchtung, also nur bis zum Einbruch der Dunkelheit, ausgeschenkt werden durfte. Die lebenslustigen Brixner wussten mit der Einschränkung umzugehen und tranken »im Finstern« weiter. Heute sind die holzvertäfelten Stuben ein gemütliches Stück Geschichte, serviert wird dort moderne Küche. Schön im Sommer: der weinumrankte Innenhof mit einer Terrasse auf Stelzen.
Domgasse 3, Tel. 0472 835343
www.finsterwirt.com

Gelateria Pradetto

Ein Ausflug nach Brixen ohne ein Eis von Pradetto? Undenkbar! Es gibt nur ein gutes Dutzend Sorten – alle aus natürlichen Zutaten und frischer Milch hergestellt, ohne Farbstoffe, Geschmacksverstärker oder Stabilisatoren. Zum Niederknien ist das Erdbeereis, aber auch die Rum-Rosinen in der Sorte Malaga haben Suchtpotenzial, ebenso das dunkle, intensive Schokoeis.
Große Lauben 1

Weingalerie

Dicke Steinmauern, Holzbalken, moderne Ledersofas – und mehr als 500 verschiedene Weine, von denen stets mindestens 25 offen angeboten werden. Donnerstags und freitags wird dazu ein kleines Menü serviert, an den anderen Tagen gibt es Wurst- und Käseteller. Sehr schön sitzt man auch im Hof unter großen Sonnenschirmen. Und alle Flaschen gibt es im Verkauf.
Weißlahnstr. 10, Tel. 0472 836001
www.weingalerie.it

BRUNECK (J3)

SEHENSWERTES

MMM Ripa

Aus der Altstadt läuft man zu Fuß nach Schloss Bruneck hinauf – ein kurzer, steiler Anstieg. Das fünfte der Messner-Museen ist Bergvölkern, ihren Religionen und dem Umgang mit dem Tourismus gewidmet. Die Ausstellung behandelt das Leben der Tibeter und Mongolen, der Damara und Masai aus Afrika, der Völker des Himalaya und Hindukusch und der Ureinwohner der Anden. Das ist interessant, auch wenn ein paar weitere Erklärungen der Ausstellung gut täten. Gleichzeitig entdeckt man wie nebenbei das hübsche Schloss aus dem 13. Jahrhundert mit prächtigen Fürstenzimmern im ersten Stock.
Schlossweg 2
www.messner-mountain-museum.it

Stadtgasse

Bruneck hat keine Lauben, dafür aber die historische Stadtgasse, die vom freskengeschmückten Ursulinen- bis zum Oberragen-Tor verläuft. Über den reich verzierten und teils zinnenbewehrten Häusern thront auf einem waldigen Hügel Schloss Bruneck. Es gibt viele schöne Geschäfte und Cafés. Den Rückweg sollte man entlang der Rienz wählen – die Kehrseiten der historischen Häuser entlang des Flusses sind ebenfalls sehenswert.

Dietenheim

Südtiroler Volkskundemuseum

Ein Besuch in dem drei Hektar großen Freilichtmuseum ist eine Reise in eine vergangene Welt mit Schindeldächern, klappernden Mühlen und gackernden Hühnern. Aus allen Ecken des Landes wurden alte Höfe, Stadl und Mühlen hierhergebracht und wieder aufgebaut. Mittendrin steht ein barockes Gutshaus mit eigener Hauskapelle, der Ansitz Mair am Hof wurde zwischen 1690 und 1700 erbaut. Tipp: Schieben Sie ein paar Kugeln auf der historischen Kegelbahn neben dem Museumsgasthaus.
Herzog-Diet-Str. 24
www.volkskundemuseum.it

Gotteshaus am Gut: die Kapelle des Ansitzes Mair am Hof in Dietenheim

ÜBER NACHT

Amaten

Gasthof Oberraut

Dass Familie Feichter, die den historischen Gasthof (erste urkundliche Erwähnung um 1700) seit fast 40 Jahren führt, das Herz am rechten Fleck hat, merkt man an vielen Details: Die Zimmer sind mit Bauernmöbeln eingerichtet, genau so, dass es weder kitschig noch karg wirkt, die himmlische Ruhe wird höchstens vom Geschnatter der Hofgänse gestört. In der Küche arbeitet Christoph Feichter mit seiner über 80-jährigen Mutter und Tochter Evelyn zusammen – mit großem Erfolg.

Amaten 1, Tel. 0474 559977

www.oberraut.it

5 Zi., DZ/Frühstück ab 70€

St. Lorenzen

Schloss Sonnenburg

In der tausend Jahre alten Ritterburg (die allerdings 800 Jahre lang ein Nonnenkloster war) läuft man durch gotische Bogengänge zu den Zimmern, die nach historischen Bildern eingerichtet wurden. An den Decken: wurmstichige Täfelungen, kunstvoll geschnitzte Kassetten und zarte Fresken. Im Haus duftet es nach Lärchenholz, im Burghof nach 200 Heilkräutern aus dem Apothekengarten der Äbtissin. Sehr schön ist der Park rund um die Burg. Es gibt einen Innen- und einen Außenpool sowie Sauna und Dampfbad in den Burggewölben.

Schloss, Tel. 0474 479999

www.sonnenburg.com

38 Zi., DZ ab 240€ inkl. Halbpension und Mittagssnack

ESSEN UND TRINKEN

Enotheque Bernardi

Direkt unter der Terrasse rauscht die Rienz vorbei, der Blick geht auf die Rückseite der historischen Häuser an der Stadtgasse. Im Glas einen guten Wein aus der stets großen Auswahl offener Flaschen, dazu gratis ein Stück Brot mit köstlichem Schinken oder Käse. Auch die liebevoll präsentierten Kleinigkeiten wie Stockfischcreme auf Ciabatta oder Büffelmozzarella mit Feigen und Oliven sind unbedingt einen Versuch wert. Ein perfekter Platz, um genussvoll die Stunden verstreichen zu lassen.

Stuckstr. 6, Tel. 0474 411176

www.bernardi-karl.it

MERIAN | TIPP

Sträuße und Schokolade bietet der schönste Laden in Bruneck: Bei **Acherer Patisserie.Blumen** werden nicht nur wunderhübsche Törtchen, luftige Macarons und sahnige Pralinen verkauft, sondern auch filigrane Blumenbouquets. Für Patissier Andreas Acherer und seine Freundin, Floristin Barbara Strondl, eine logische Kombination. Seine Süßigkeiten präsentiert Acherer in Vitrinen, ganz so, wie man anderswo Juwelen ausstellt. In der puristischen Boutique gibt es, ganz bodenständig, auch Strudel und Hefegebäck – beides schmeckt köstlich.

Stadtgasse 8, Tel. 0474 410030

www.acherer.com

SEHENSWERTES

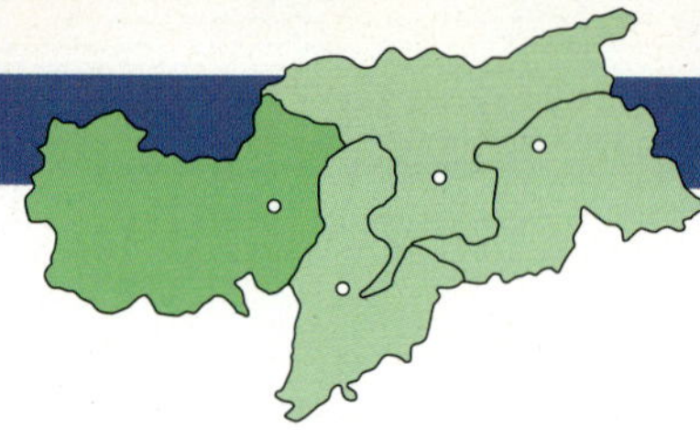

Für Sehenswertes in Bozen, Meran, Brixen und Bruneck siehe S. 114, 118, 121 und 122.

DER WESTEN

(B 4) Glurns

Würde man ein Kind eine Stadt aus der Ritterzeit malen lassen, würde sein Bild vermutlich stark an Glurns erinnern. Südtirols kleinste Stadt hat nur 900 Einwohner, sie ist umschlossen von einer vollständig erhaltenen, turmbewehrten Stadtmauer. Die kann man in einer guten halben Stunde umwandern, auch Teile des alten, hölzernen Wehrgangs sind begehbar. Viele Häuser sind windschief, das Kopfsteinpflaster ist holprig. In seinem heutigen Erscheinungsbild stammt Glurns aus dem 16. Jahrhundert. **www.glurns.eu**

(B 4) Laas

Was haben die neue U-Bahn-Station am Ground Zero in New York, das Schillerdenkmal am Dresdner Albertplatz und das Portal von Schloss Tirol gemeinsam? Den Laaser Marmor. Das reinweiße, feinkörnige Gestein hat den kleinen Ort im Vinschgau weltberühmt gemacht. Hier sind sogar die Bürgersteige marmorgepflastert – aber nicht aus Prunksucht, sondern weil die kleinen Steine hierfür übrig blieben, als nach dem Zweiten Weltkrieg mehr als 80 000 Marmorkreuze für US-amerikanische Soldatenfriedhöfe bestellt wurden. Bis heute wird der Marmor in zwei Brüchen, teils über, teils unter Tage abgebaut. Der höchste Stollen liegt in 2228 Metern Höhe. Die Steinbrüche dürfen aus Sicherheitsgründen nicht besichtigt werden, im Sommer gibt es mehrmals pro Woche Führungen durch den Ort, die Schule für Steinbearbeitung und das Marmorwerk. **www.marmorfuehrung.com**

(A/B 4) Mals
Benediktinerstift Marienberg

Die hohen Mauern der »Gottesburg« aus dem 12. Jahrhundert wirken wie eine Festung, die weiß und mächtig über Mals thront – tatsächlich sind sie nur ein Unterbau, der das Gebäude in seiner extremen Hanglage stützt. Seit 900 Jahren wird hier nach den Regeln des heiligen Benedikt gelebt, über Generationen hinweg war das Kloster der geistliche und weltliche Mittelpunkt des oberen Vinschgau. Die Krypta birgt romanische Fresken, die allerdings nur im Mai und im Rahmen einer Führung zugänglich sind – oder von Juni bis Oktober, während die Padres in der Krypta die öffentliche Vesper singen. Eindrucksvoll ist auch die barocke Stiftskirche, die man während der Messen besuchen kann. Ein kleines Museum zeigt u.a. einen Film über die Fresken und das Leben im Kloster. **Schlinig 1, www.marienberg.it**

(D 4) Partschins
Partschinser Wasserfall

Am höchsten Wasserfall Südtirols kann man stundenlang stehen, zusehen und zuhören: der Gischt, dem dröhnenden Tosen, den kleinen Regenbogen, die sich bilden, wenn das Licht in Myriaden von Tröpfchen gebrochen wird. 97 Meter stürzt der Zielbach in die Tiefe, zur Scheeschmelze im Frühsommer sind es rund 6000 Liter Wasser, die hier pro Sekunde vorbeirauschen, hundertmal mehr als im Herbst oder Winter. Etwa 1,5 Stunden läuft man von Partschins zum Wasserfall, der Weg ist gut ausgeschildert. Dort angekommen, lässt es sich auf großen Findlingen schön sitzen und picknicken.

Reschensee

(A 3) Wer das erste Mal über den Reschenpass nach Südtirol fährt, stutzt: Ragt aus der Mitte des unwirklich blauen Reschensees eine Kirchturmspitze? Der schlichte Turm ist der letzte Rest des alten Dorfes Graun, das im Juli 1950 im See versank, als dieser aufgestaut wurde, um das Schludernser Kraftwerk zu speisen. Es ist eine der vielen traurigen Geschichten aus der Zeit vor der Autonomie Südtirols: Die Faschisten hatten den Bau des Staudamms bereits 1939 beschlossen, nach dem Ende des Zweiten Weltkrieges wurde wie geplant gebaut, 116 Millionen Kubikmeter Wasser fluteten das Dorf, die Bevölke-

MERIAN | DAS BESTE ZUERST

Die perfekte Burg

Zinnen und Arkaden, schwere Rüstungen und Turniere mit Lanze und Pferd: Die Churburg im Matschertal liegt abseits der touristischen Zentren – doch das Mittelalter ist nirgends lebendiger als hier

Traumhaft trutzig: Die Churburg oberhalb von Schluderns ist berühmt für ihre Ritterspiele

Sollte Hollywood irgendwann das große Ritterepos drehen wollen – es gäbe kaum ein besseres Vorbild für die Kulisse als die Churburg. Weithin sichtbar, aber fernab von den touristischen Zentren, steht sie mit ihren Türmen, Zinnen und rot-weißen Fensterläden oberhalb von Schluderns im abgeschiedenen Matschertal, weit im Westen der Provinz, selbst von Meran mehr als eine Autostunde entfernt. Erbaut wurde die Churburg vor mehr als 700 Jahren vom Churer Bischof Heinrich von Montfort – eigentlich zum Schutz vor den Matscher Vögten, die ihm die Burg dann allerdings kaum fünfzig Jahre später abspenstig machten. Nachdem 1504 Graf Gaudenz, der letzte Matscher, gestorben war, übernahmen die Grafen von Trapp die Immobilie – und sind bis heute geblieben. Die gotische Burg mit Palas, Bergfried und hochmittelalterlichem Erscheinungsbild gestalteten sie während der nächsten hundert Jahre zu einem prächtigen Renaissanceschloss um. Der Palas bekam eine Brandmauer und einen Zinnenkranz. Ein äußerer Burghof, Gartenterrassen, Zwinger und Wohngebäude gruppieren sich um einen Innenhof mit einem bemalten Arkadengang. Säulen aus Laaser Marmor, alle mit romanischen und gotischen Details unterschiedlich gestaltet, stützen die Arkaden.

Besucher lieben die Burg auch wegen ihrer Waffenkammer, in der mehr als fünfzig vollständig erhaltene Rüstungen ausgestellt sind – etwa die von Ulrich IX. von Matsch, der ein wahrer Riese gewesen sein muss. Seine Rüstung jedenfalls ist 2,10 Meter hoch und wiegt 45 Kilogramm. Auch ein geharnischtes Pferd ist zu sehen, Helme, bei deren Anblick einem angst und bange wird, und Armbrüste, Streitäxte und andere Waffen, die deutlich machen, warum solch schwere Rüstungen im Kampf einst überlebenswichtig waren.

Schwertkämpfe, Lanzenstechen, Bogenschießen, Wagenrennen und Gaukler kann man auf der Churburg immer noch live erleben: Jedes Jahr **im August** finden dort die berühmten **Südtiroler Ritterspiele** mit mehr als tausend Darstellern statt. Ein Höhepunkt ist der farbenprächtige und von Fanfaren begleitete Umzug vom Dorf Schluderns bis zur Burg. Ein imposantes Spektakel!

(B 4) Schluderns, Churburg 1, www.churburg.com, www.ritterspiele.it

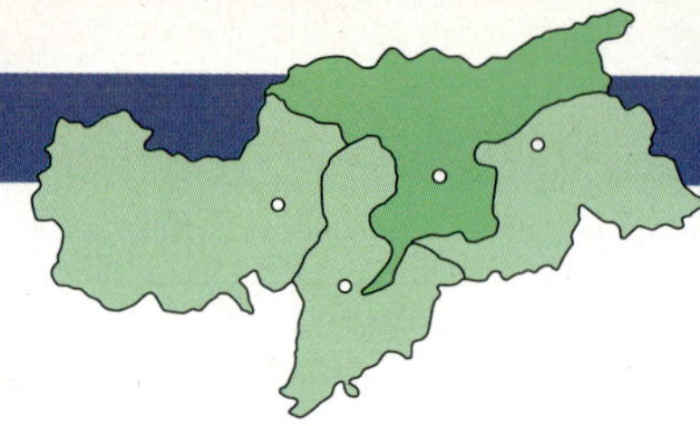

rung wurde in ein neues Graun umgesiedelt. In den Sommermonaten umkreist nachmittags ein Ausflugsschiff den Kirchturm.
Infos: Tel. 0338 4967810

(E 3) St. Leonhard in Passeier
Museum Passeier
Ursprung des Museums ist der historische »Sandwirt«, das Geburtshaus des Freiheitskämpfers Andreas Hofer, das zu einem kleinen Freilichtmuseum erweitert wurde. Der Museumsneubau wurde im Hofer-Gedenkjahr 2009 eröffnet. Dort sehen Besucher einen Film mit vielen Trickelementen über den Widerstand der Tiroler gegen Napoleon und die Bayern sowie das Leben Hofers. Der Rundgang mit zahlreichen spielerischen und interaktiven Stationen zeigt einen zweifelnden Hofer, einen Mann, der kein Held sein wollte – und dennoch dazu wurde. Im zweiten Stockwerk hinterfragt die Ausstellung »Helden & Wir« die Faszination, die von »Helden« ausgeht. Es geht um Zivilcourage und die Frage, ob man selbst zum Helden taugen würde. Das alles ist mit sparsamen Mitteln klug gestaltet. Sehr sehenswert!
Passeirerstr. 72
www.museum.passeier.it

(A 5) Trafoi
Stilfser-Joch-Straße
Italiens höchste Passstraße windet sich von Trafoi auf 1543 Metern in 48 Kehren und einer maximalen Steigung von motorquälenden 15 Prozent auf das 2757 Meter hoch gelegene Stilfser Joch. Von 1820 bis 1825 entstand diese Glanzleistung des alpinen Straßenbaus. Sie sollte die Lombardei, die nach dem Sturz Napoleons wieder an Habsburg gefallen war, mit dem Inntal und Wien verbinden.

Ultental
(C/D 5) Eines der ursprünglichsten Täler Südtirols ist das Ultental mit seinen Almen, Wäldern, idyllischen Dörfern und hoch am Hang gelegenen Bergbauernhöfen. Obwohl nicht weit vom touristischen Zentrum Meran entfernt, ist es vom Tourismus bisher weitgehend unberührt geblieben. 40 Kilometer lang zieht sich das Tal vom Ort Lana bis zu den Gletschern der Ortlergruppe. Nahe dem Ortskern von St. Gertraud stehen beim Gehöft Außerlaner drei dicke, der Legende nach mehr als 2000 Jahre alte (seriöse Schätzungen gehen eher von 850 Jahren aus) und fast 30 Meter hohe Lärchen, die als die ältesten Nadelbäume Europas gelten.

DER NORDEN

(G 4) Feldthurns
Keschtnweg
Für viele ist der Herbst die schönste Jahreszeit in Südtirol: leuchtend bunte Blätter, saftige Trauben, dazwischen rotbackige Äpfel – und Esskastanien, die hier »Keschtn« heißen. Ihretwegen ist das Eisacktal im Herbst ein großartiges Reiseziel. Entlang seiner westlichen Hänge vom Ritten bis zum Kloster Neustift führt der Keschtnweg.
Er ist 63 Kilometer lang und gesäumt von alten Esskastanien-Hainen, Wein- und Apfelbergen. Wer hier wandert, hat traumhafte Ausblicke auf Rosengarten, Schlern, das Kloster Säben, die Geislerspitzen, Brixen und das Kloster Neustift. Und was wäre so eine Tour ohne ausgiebiges »Törggelen«? Entlang des Weges gibt es zahlreiche Wirtshäuser und Buschenschänken, die Kastanien, neuen Wein und Südtiroler Spezialitäten servieren. Besonders schön ist es im Garten vom »Huber in Pardell«, oberhalb von Klausen (Montag Ruhetag).

(G 4) Klausen
Kloster Säben
Wie eine Burg thront 200 Meter hoch über Klausen das Kloster Säben, das bis heute eine Benediktinerinnenabtei beherbergt. Es ist nur zu Fuß erreichbar, der Weg vom Ort dorthin dauert etwa 30 Minuten. Er beginnt am Tinneplatz im historischen Zentrum von Klausen mit 155 Stufen. Danach kann man zwischen dem sehr steilen Kreuzweg und der bequemeren Säbener Promenade wählen. Zu besichtigen sind im Sommer die barocke Liebfrauenkirche sowie rund ums Jahr die Heilig-Kreuz-Kirche,

Immer der Kastanie nach: auf dem Keschtnweg durch das Eisacktal

die Gnadenkapelle und Teile der Klosterkirche. Die Konventsgebäude sind den Nonnen vorbehalten.

(K 1) Prettau

Schaubergwerk Prettau

Seit dem frühen 15. Jahrhundert wurde in Prettau Kupfer abgebaut, das wegen seiner besonders guten Qualität sehr begehrt war. Der unterste und jüngste Stollen, der als Einziger nicht von Hand in den Berg geschlagen, sondern gesprengt wurde, ist heute als Schaubergwerk zu besichtigen. In einer Grubenbahn fahren Erwachsene und Kinder, ausgestattet mit Helmen und Regenschutz, mehr als einen Kilometer in den Berg hinein. Ein 350 Meter langer Lehrpfad führt an einer nicht vollständig abgebauten Kupferader vorbei. Dort können Besucher dabei zusehen, wie noch heute durch das Auslaugen von Erzen Kupfer gewonnen wird. Mit Knappenfiguren wird außerdem die harte Arbeit im Berg dargestellt.
Hörmannsgasse 38 a
www.bergbaumuseum.it

(E 2) Ridnaun

Bergbauwelt Schneeberg

800 Jahre lang wurden am Schneeberg auf 2000 bis 2560 Metern über dem Meer Blei, Silber und Zink abgebaut. 1985 wurde das Bergwerk geschlossen, bald danach machte man es für Besucher zugänglich. So kann man dort heute ein zur Gänze erhaltenes und im Prinzip funktionstüchtiges Werk besichtigen und eine Menge über ein Stück Industriegeschichte lernen. Während der Führungen wird die Anlage in Betrieb gesetzt – wobei die Schwerstarbeit, die die Knappen dort geleistet haben, gut nachvollziehbar wird. Wer heute mit Helm und Schutzkleidung ins Innere des Berges steigt, kann die Arbeitsbedingungen von damals nachfühlen: Es herrscht eine ohrenbetäubende Lautstärke, und es stinkt. Auf jeden Fall aber ist die Tour faszinierend, und der Besucher darf selbst nach Erz schlagen. Für Kinder eignen sich die Tourvarianten »Junior« oder »Kompakt«. Für die ganztägige »Abenteuerschicht« oder die Führung »Bergbauwelt«, die eine mehr als dreistündige Wanderung beinhaltet, sollte der Nachwuchs im Teenageralter und bei guter Kondition sein. Dann aber sind beide Touren (auch für Erwachsene) ein unvergessliches Erlebnis.
Maiern 48, www.bergbaumuseum.it

(J 2) Sand in Taufers

Burg Taufers

Eine Warnung vorab: Burg Taufers mit ihren dicken Granitmauern und dem hoch aufragenden Bergfried ist eine der wenigen Burgen Südtirols, die damit werben, man könne sie »mit oder ohne Führung« besichtigen. Das stimmt zwar, aber ohne Führung sind nur der Burghof und einige der Wehrgänge zugänglich. Wie ärgerlich, wenn man dies erst vor Ort feststellt und den (sehr variablen) Führungsplan nicht berücksichtigt hat. Die zwei Dutzend Räume, die mit Begleitung gezeigt werden, sind eindrucksvoll: die Folterkammer mit reichlich abgenutztem Fußblock, der Rittersaal, die Bibliothek mit zahlreichen alten Bänden, die Kapelle mit einem romanischen Kruzifix und farbenfrohen Fresken, die holzgetäfelten Wohnräume, die Rüstkammer – das alles ist so gut erhalten, dass man sich in die Zeit der Ritter und Burgfäulein zurückversetzt fühlt.
Schlossweg 1
www.burgeninstitut.com

Reinbachfälle

(J 2) Der reißende Reinbach fällt schäumend über drei Kaskaden insge-

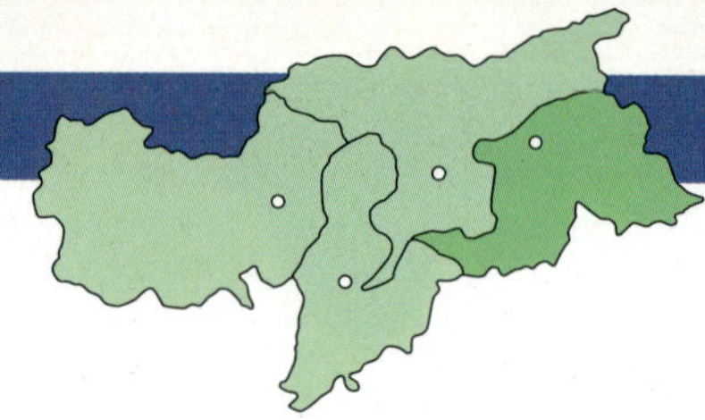

samt 170 Höhenmeter in die Tiefe. Das ist vor allem zur Schneeschmelze faszinierend, wenn sich über den tosenden Wassermassen Gischtnebel erheben und es so laut rauscht, dass man auch schreiend kaum dagegen ankommt. Vom »Gasthof Toblhof« aus führt ein Weg mit Geländern und Brücken zu den Fällen, von ihm kann man das Wasserschauspiel leidlich trockenen Fußes genießen.
Reinstr. 11

(F 2) Sterzing
Das kleine Städtchen (knapp 7000 Einwohner) war einst eines der reichsten in Tirol, heute ist es außergewöhnlich gut erhalten und sehr hübsch anzusehen. Prächtige Bürger-, Handwerker- und Wirtshäuser mit Giebeln, Erkern und Zinnen säumen die Straßen. Die Stadt lag im Mittelalter strategisch günstig an der Handelsroute von Norden nach Süden, im 14. und 15. Jahrhundert füllten dann Silberbergwerke aus dem Ridnauntal die Kassen. Das Zentrum rund um Stadtplatz und Zwölferturm und entlang der Eisack kann man auf einem gemütlichen Bummel durch die schön schattigen Laubengänge erkunden. Tatsächlich ist es hier, südlich des Brennerpasses, gefühlt oft ein paar Grad kälter als in Meran oder Bozen.

(F 2) Sterzing
Gilfenklamm
Das Gestein, durch das sich das Wasser des Ratschingserbaches hier gegraben hat, ist weißer Marmor – auch wenn man ihn vor lauter Moos und Verwitterung selten auf den ersten Blick erkennen kann. Nur die Stellen, die das Wasser blank scheuert, blitzen weiß. Ab dem Gasthof »Gilfenklamm« läuft man etwa eine Stunde bergauf, durch die enge, auch im Hochsommer überraschend dunkle und (angenehm!) kühle Schlucht. Ein gut gesicherter Holzsteig führt dicht an den Felsen entlang durch den Canyon, tief unten tobt und brodelt das Wasser, an manchen Stellen stürzen kleine Wasserfälle wie Duschen auf den Wanderer herab.

DER OSTEN

Fanes-Alm
(J 4) Dieses wunderschöne Fleckchen Erde gilt als Zentrum der ladinischen Sagen und Mythen, als Reich der Blumen und Murmeltiere. Die Alm ist eine weite, größtenteils ebene Hochfläche mit vielen kleinen Seen und bizarren Gesteinsformationen, von denen die markanteste den Namen Parlament der Murmeltiere trägt. Besonders zauberhaft ist es hier, wenn im Sommer ein Meer von Blumen blüht und sich die Berge, Wälder und Wolken am Himmel in den Seen spiegeln. Obwohl man diese Szenerie mit vielen anderen Besuchern teilen muss, ist sie so märchenhaft, dass man sofort anfängt, selbst an die »Fanes« zu glauben – ein Geschlecht, dessen Männer der Sage nach mit den Adlern im Bunde standen, die mächtigen Frauen hingegen mit den Murmeltieren.

(L 3) Innichen
Gleich fünf sehenswerte Kirchen gibt es in Innichen. Am schönsten ist die Stiftskirche in der Ortsmitte, die auch Dom von Innichen genannt wird. Die Basilika wurde im 13. Jahrhundert erbaut, gilt als der bedeutendste romanische Sakralbau Tirols – und ist auf ergreifende Weise schlicht. Wer es üppiger mag: Die nahe gelegene Pfarrkirche St. Michael ist ein Barockjuwel. Und schließlich liegen am westlichen Ortsrand drei ineinander verschachtelte Kapellen, zwei davon sind Nachbildungen der Altöttinger Gnadenkapelle und der Grabeskirche von Jerusalem. Ein frommer Gastwirt und Jerusalem-Pilger ließ sie im 17. Jahrhundert erbauen.

Pragser Wildsee
(K 4) Der See im Hochpustertal wetteifert mit dem Karersee um den Titel »Südtirols schönster See« – und leider auch um das Prädikat »hoffnungslos überlaufen«. Es empfiehlt sich ein Besuch am frühen Morgen oder im Herbst. Dann präsentiert sich der meist leuchtend grünblaue See, an seinen Ufern eng begrenzt vom Seekofel und

MERIAN | WERKSTÄTTEN

Alle Fäden in der Hand

Flechten, Klöppeln, Filzen – auf den Höfen wurden kunstvolle alte Techniken über Jahrhunderte am Leben gehalten. Heute kommen sie in eigenen Werkstätten zu neuen Ehren

Spitze braucht Fingerspitzengefühl: die hohe Kunst des Klöppelns

Kunsthandwerk spielt auf den Bauernhöfen Südtirols schon seit Jahrhunderten eine große Rolle. Im Winter, wenn die Arbeit draußen ruhte, begannen die Menschen, für die Nichtstun nicht denkbar war, in ihren Stuben zu werkeln. Wer sich geschickt anstellte, konnte mit dem Verkauf der Arbeiten sogar noch einen Zusatzverdienst für die Familie erwirtschaften. Im Tauferer Ahrntal ernährten viele Frauen, nachdem das Prettauer Bergwerk 1893 geschlossen worden war, ihre Familien mit **Spitzenklöppelei.** Noch heute sieht man in **Prettau** (K 1) bisweilen klöppelnde alte Damen vor den Häusern sitzen. Ausstellungen dazu gibt es im Haus Prettau, im Bergbaumuseum Kornkasten und im Naturparkhaus Kasern.

Stabile Körbe zu flechten war nicht nur Zeitvertreib, sondern notwendig – man brauchte Behältnisse für die eigenen Waren. Im Zeitalter der Plastiktaschen ging die alte Kunst vielerorts verloren, sehr lebendig ist sie noch in **Oberhof** (D 5) im Ultental, wo Erhard Paris seine **Flechtwerkstatt** eingerichtet hat. **Filzen,** das Verreiben von Wollfasern zu Vlies, gilt als die älteste Textiltechnik der Welt. Rita Amort aus **Altrei** (F 7) filzt vorwiegend die Wolle der hofeigenen Schafe und fertigt daraus Hüte, Hausschuhe, Handtaschen und Schmuck. Kontakt zur Flechtwerkstatt und zu Rita Amort über www.roterhahn.it. Einen Überblick über die vielfältige Kunsthandwerkszene erhält man in den **»Südtiroler Werkstätten« in Bozen, (M/N 6) Laubengasse 39,** wo sowohl ausgestellt als auch verkauft wird (www.werkstaetten.it).

anderen schneeweißen Felsen, wie ein Smaragd in Silberfassung. Empfehlenswert ist der gut einstündige Rundweg, der am Westufer auf einer breiten Promenade beginnt, am Südufer auf den Badestrand trifft und am Ostufer nach der Querung der Ausläufer eines spektakulären Geröllfeldes (der Weg ist gut gesichert) auf schmalem Pfad entlang der Felswand zurückführt. Es ist faszinierend, wie sich das Bild des Sees entlang der Wanderung mit jeder neuen Perspektive verändert! Auf keinen Fall sollte man die Kamera vergessen, hier gelingen auch Fotoanfängern spektakuläre Aufnahmen von den sich im Wasser spiegelnden Felsen und Wolken!

(L 4) Sexten

Drei Zinnen

Die wohl berühmtesten Felsentürme der Dolomiten sind die Drei Zinnen. Die Nordwand der Großen Zinne (2999 Meter) wurde 1933 erstmals vom Italiener Emilio Comici bestiegen – die nach

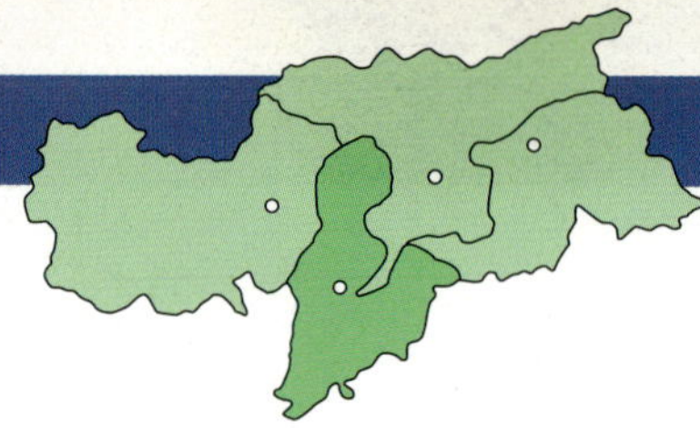

ihm benannte Comici-Dimai-Route ist noch heute eine Herausforderung für Extrembergsteiger. Ähnlich anspruchsvoll sind die Westliche Zinne (2973 Meter) und die Kleine Zinne (2857 Meter). Es ist zwar reizvoll, den Bergprofis bei ihren Trainings- und Kletterpartien zuzusehen, mindestens ebenso attraktiv ist es aber, als Otto-Normalwanderer im Reich der Zinnen unterwegs zu sein. Zahlreiche Touren jeglicher Schwierigkeitsgrade sind perfekt ausgeschildert, zum Beispiel eine Umrundung ab der Auronzo-Hütte auf den Wegen 101 und 105, die auch unerfahrene Wanderer in unter vier Stunden schaffen können. Eine Tour ins Gebiet der Drei Zinnen beschreibt auch die Reportage ab S. 72.
www.dreizinnen.info

(J 4) St. Martin in Thurn
Museum Ladin

Schloss Thurn entstand bereits im 13. Jahrhundert und wurde seitdem immer wieder erweitert. Von Weitem schon ist sein Bergfried zu sehen, der einem Leuchtturm gleich über St. Martin thront. Und Leuchtturmfunktion hat er sogar in gewisser Weise, wirft doch das im Schloss beheimatete Museum Ladin ein strahlend helles Licht auf die ladinische Kultur. Im Gadertal, dem Herz Ladiniens, sind die älteste Sprache und Kultur des Alpenraumes bis heute so lebendig, wie sie im Museum Ladin dargestellt werden: mit ausgefeilter Museumstechnik, Audioguides, Computern, einem Sprachlabor – aber auch so altmodischen Medien wie einem Schattenpuppentheater. Es geht um Sagen und Mythen, um den bäuerlichen Alltag, den politischen Kampf um Autonomie und – natürlich – den Tourismus. Die ladinische Sprache ist dabei von allen Seiten zu hören – ist sie doch für die Region bis heute identitätsstiftend.
Torstr. 65, www.museumladin.it

(G 5) St. Ulrich
Archiv Luis Trenker

Der berühmteste Sohn St. Ulrichs war Luis Trenker (1892-1990), der passionierte Bergsteiger und Schauspieler, Drehbuchautor und Regisseur zahlreicher Bergfilme wie z.B. »Kampf ums Matterhorn«. Trenker ist in seiner Heimat begraben, und es war sein ausdrücklicher Wunsch, nach seinem Tod im **Museum Gherdëina** präsent zu sein, deshalb vermachte er dem Ausstellungshaus seinen gesamten künstlerischen Nachlass. Nur die bedeutendsten Stücke aus Trenkers Erbe, z.B. Filmpreise, Requisiten, Plakate und Fotos werden im Museum in Gröden gezeigt, der Rest ist digital archiviert. Sollte es irgendwann eine Museumserweiterung oder womöglich ein eigenes Trenker-Museum geben – zu zeigen gäbe es genug.
Reziastr. 83
www.museumgherdeina.it

(K 3) Toblach
Gustav-Mahler-Stube & Grandhotel

In Toblach arbeitete der herzkranke Komponist während der letzten drei Sommer seines Lebens. Hier, im winzigen »Komponierhäuschen«, schrieb Gustav Mahler seine Neunte und die (unvollendete) Zehnte Sinfonie sowie das Lied von der Erde. Mahler wohnte im damaligen Trenkerhof, der heute Mahler-Stube heißt. Darin befinden sich ein Restaurant und zwei Ferienwohnungen. Die Zimmer, die er in den Sommermonaten der Jahre 1908 bis 1910 bewohnte, blieben unverändert erhalten. Entkernt wurde dagegen das ehemalige Grandhotel Toblach, es beherbergt heute den für seine Akustik berühmten Gustav-Mahler-Musiksaal, ein Kulturzentrum und eine Jugendherberge. Dort finden jeden Sommer die Gustav-Mahler-Musikwochen statt.
Altschluderbach 3
www.gustavmahlerstube.com
Dolomitenstr. 31
grandhotel-dobbiaco.com

DER SÜDEN

(F/G 6) Eggental
Dolomitenstraße

Ja, der Abschnitt dieser Straße vom Bozner Ortsteil Kardaun bis zum Karerpass verdient den Titel einer Sehens-

Spaziergang zur Ruine: Von Missian führt ein Fußweg hoch zur Burg Hocheppan

würdigkeit. Beeindruckend, wie die Große Dolomitenstraße Ende des 19. Jahrhunderts durch den Stein getrieben wurde, unter Felsvorsprüngen und durch Felsdurchbrüche, an einem tosenden Wasserfall vorbei. Die Strecke ist mit bis zu zwölf Prozent Steigung sehr steil, außerdem kurvig. Sie erfordert konzentriertes Fahren – der Beifahrer aber erlebt ein Naturkino mit schwindelerregenden Blicken in die steilen Schluchten des Eggentals und herrlicher Sicht auf den Rosengarten.

Karersee

(G 6) Die Legende besagt, ein Zauberer habe, weil er die Liebe einer Nixe aus diesem See nicht gewinnen konnte, einen Regenbogen zerschlagen, dessen zerborstene Teile nun im Wasser liegen. Das zumindest ist eine schöne Erklärung für das bisweilen erstaunliche Farbenspiel auf der dunklen Oberfläche des drei Hektar großen Sees. Meist aber leuchtet der von dichtem Wald umrahmte See in tiefem Türkis, und im Wasser spiegeln sich die zerklüfteten Felstürme des Latemar. Überwältigend schön ist das – vor allem dann, wenn man das Glück hat, einen Moment zu erwischen, zu dem sich auf der Promenade nicht Heerscharen anderer Touristen tummeln.

(E 5/6) Eppan

Burg Hocheppan

Burg Hocheppan ist, obwohl halb verfallen, sehr beeindruckend. Man erreicht sie in gut 30 Minuten über einen gemütlichen Fußweg ab dem Ort Missian. Deutlich erkennbar war sie eine Wehrburg, von hier aus trotzten die Grafen von Eppan den Grafen von Tirol. Der 23 Meter hohe Bergfried hat eine fünfeckige Form – angeblich sollten daran die Geschosse besser abprallen. Feinde gab es mehr als genug, es heißt, man habe im Mittelalter von hier oben 36 andere Burgen im Blick gehabt. Sehenswert ist auch die Burgkapelle mit herrlichen Fresken, die 1926 freigelegt wurden. Abgebildet ist u.a. die »Knödelesserin« – die älteste bekannte Darstellung des Tiroler Nationalgerichts.

Hocheppanerweg 16
www.hocheppan.com

(E 6) Kaltern

Südtiroler Weinmuseum

In einem Kellergewölbe aus dem 17. Jahrhundert, im ehemaligen »Torgglraum« (wo die Trauben gepresst wurden), ist das Südtiroler Weinmuseum untergebracht. Es erläutert die Geschichte und die Arten der Weinherstellung seit der Römerzeit. Außerdem

Die Lettern (A 1) beziehen sich auf die Karte ab S. 147

MERIAN | **MIT KINDERN UNTERWEGS**

Feuer, Wasser, Stein und jede Menge Abenteuer

Südtirol ist das ideale Ziel für den Familienurlaub – wenn man das richtige Programm in petto hat. Vier Orte, die Kinder begeistern

Der **Woody Walk (H 4)** (www.plose.org) auf der Plose bei Brixen bietet auf einem etwa zwei Kilometer langen Weg elf Spielstationen aus Holz: zum Rutschen, Klettern und Balancieren. Etliche eignen sich an schönen Tagen auch zum Planschen. Klar, dass Kinder dabei Spaß haben und man für die Wanderung auch leicht mal drei Stunden braucht. Der Weg ist nicht wirklich kinderwagentauglich, auch wenn die Beschreibung das behauptet.
Im **Archeoparc (C 4)** (www.archeoparc.it) verbringen Kinder und Eltern einen Tag wie der berühmte »Ötzi« in der Jungsteinzeit. Feuer schlagen, Korn auf einem Stein zu Mehl mahlen, Brot backen, Bogen schießen, ein Messer aus Stein basteln – so wird die Lebensweise von »Ötzi« und seinen Zeitgenossen anschaulicher vermittelt als in jedem Museum.
Der **Mühlenweg am Seresbach (H 4)** im Gadertal führt auf etwa 1,5 Kilometern an alten, mustergültig restaurierten Wassermühlen entlang. In Rinnen sprudelt das Wasser vorbei, von Schleusen und Sperren geleitet. Die Kinder stört es nicht, dass der Bach eiskalt ist, bald schon stapfen sie fröhlich durchs Wasser. Und die Eltern lassen sie gewähren – denn wer wollte sich das herrliche Dolomitenpanorama durch einen Streit verderben?
Die meisten Kinder lieben Steine und sammeln Kiesel genauso wie Asphaltbröckchen, Halbedelsteine wie Plastikdiamanten. Im **Mineralienmuseum Teis (G 4)** (www.mineralienmuseum-teis.it) hat Paul Fischnaller zahlreiche funkelnde, »echte« Schätze zusammengetragen, darunter viele »Teiser Kugeln«, Drusen, gefüllt mit zartlila Amethyst-Kristallen. Höhepunkt des Museumsbesuchs ist die Führung zur Fundstelle, einer Art Schutthalde für Mineraliensammler. Mit Hämmerchen, Meißel und Schutzbrille ausgestattet, dürfen die Kinder selbst Steine klopfen und sich die Hosentaschen mit Schätzen füllen. **Tipp:** Für die Führungen rechtzeitig auf der Website anmelden!

Balancieren mit Panorama auf dem Woody Walk

Die Lettern (A 1) beziehen sich auf die Karte ab S. 147

wird erklärt, wie Fässer gebunden werden. Eindrucksvoll ist auch die Sammlung wertvoller Trinkbecher – und besonders hübsch der museumseigene Weingarten mit Blick auf den Kalterer See. An Pergolen, den für Südtirol typischen Rebgerüsten, wachsen dort alte Rebsorten. Im Herbst dürfen Besucher die reifen Trauben auch pflücken und verkosten.
Goldgasse
www.weinmuseum.it

(E 7) Margreid
Weingut Lageder
Eine Sehenswürdigkeit für alle, die Wein lieben, sich für Kunst interessieren und Orte mögen, an denen beides zelebriert wird. Alois Lageder ist einer der wichtigsten Winzer Südtirols – und außerdem ein Vordenker der Branche, der seine Weinberge biodynamisch bewirtschaftet. Als einer der Ersten in Südtirol baute er einen Niedrigenergie-Weinkeller – modern, licht und hell, aus Holz, Stein und Glas. Und nicht zuletzt ist der ehemalige Präsident des Bozener Museions ein Liebhaber und Förderer von Kunst. Auf seinem »Ansitz Löwengang« sind Werke wie z.B. das »Bienenhaus« von Rosemarie Trockel und Carsten Höller zu sehen. Es ist sowohl Installation als auch ein echtes experimentelles Bienenhaus. Lageders beste Rotweine werden mit einer extrem langsamen Version von Bachs »Sechstem Brandenburgischen Konzert« beschallt. Und natürlich gibt es auch viel zu probieren, perfekt dafür ist die gemütliche Weinschenke »Paradeis«.
Grafengasse 9
www.aloislageder.eu

(F 6) Radein
Bletterbachschlucht
Südtirols Grand Canyon: Seit der Eiszeit vor 15 000 Jahren hat sich der Bletterbach unterhalb des Weißhorns auf einer Länge von acht Kilometern bis zu 400 Meter tief in die Erde gegraben und den Aufbau der Erd- und Gesteinsschichten sichtbar gemacht. Die Porphyrwände sind oft mehr als 20 Meter hoch, es gibt rotes Vulkanitgestein und schneeweißen Dolomit zu sehen, versteinerte Muscheln und Dinosaurierspuren zu entdecken (s. Seite 80).
www.bletterbach.info

Schlerngebiet und Seiser Alm
(G 5) Der Schlern, dieser gewaltige Gebirgsstock mit seinen beiden »Hörnern«, der Santner- und der Euringerspitze, gilt als mythischer Berg, sein Anblick hat etwas Magisches. Das schätzten bereits die ersten Südtirol-Reisenden Ende des 19. Jahrhunderts, Arthur Schnitzler etwa verbrachte viel Zeit in Völs und Seis. Heute sind beide Orte, wie auch Kastelruth, sehr touristisch, aber nicht ohne Charme. Von Seis führt die Compatscher Seilbahn auf die Seiser Alm. Die mit 57 Quadratkilometern größte Hochalm Europas, vor dem Dolomitenpanorama von Langkofel, Schlern und Rosengarten gelegen, ist Idylle pur. Im Sommer findet man hier üppige Wildblumenwiesen. Leider wächst auch die Zahl der Wellnessresorts so rasant, dass mancherorts mehr Kräne als Gipfel zu zählen sind. Dennoch: Wer die Seiser Alm nicht gesehen hat, hat vielleicht das beste Stück Südtirol verpasst.

MERIAN | GUT GESCHLAFEN

Ferien auf dem Hof

Die Gastfreundschaft ist legendär: Zwei MERIAN-Mitarbeiter verraten, warum sie zu ihrem Südtiroler Bauernhof immer wieder zurückkehren

Bachguthof
Mit selbst gesuchtem Frühstücksei

Seit Jahren fahren wir nach Südtirol – die Rettenbachers auf ihrem Bachguthof im Vinschgau sind perfekte Gastgeber. Sie haben vier Kinder und nehmen Gäste in ihrer Ferienwohnung sehr herzlich auf. Unsere Kinder werden ins Hofleben integriert, beim gemeinsamen »Keschtnsammeln« oder bei der Suche nach dem Frühstücksei im Stall. Wir mögen vor allem die Lage – und den Apfelstrudel. *Oliver Voß*
(C4) Schlanders, Mühlgasse 14, Tel. 333 2947646
www.bachguthof.it *ab 85 €/Nacht für 2 Personen (jede weitere Person 15 €)*

Telfnerhof
Mit Baumhaus, Grill und Badeteich

Der schöne Telfnerhof stammt aus dem 14. Jahrhundert und bietet einen weiten Blick über das Eisacktal. In dem modernen, 150 Quadratmeter großen Ferienhaus der Familie Oberrauch, gebaut aus selbst geschlagenem Holz, fühlt man sich auf Anhieb wohl. Zum Anwesen gehören Badeteich und Baumhaus sowie ein Küchengarten, aus dem sich die Gäste bedienen dürfen. Nachmittags grillt Sepp Oberrauch Kastanien, später helfen die Kinder im Stall. *Anja Haegele*
(G4) Klausen, Verdings 1, Tel. 0472 545150
www.telfnerhof.it *ab 130 €/Nacht für bis zu 7 Personen*

1600 Südtiroler Höfe werden unter dem Label **Roter Hahn** vermarktet. Die Seite **www.roterhahn.it** bietet eine detaillierte Suchfunktion, die für jeden den passenden Hof findet.

Der Telfnerhof und seine moderne Ferienwohnung

Schlicht und schön: »Steindl's Boutiquehotel« in Sterzing

WESTEN

(D/E4) Algund
Kulturhotel Maratscher
Jedes der zehn Zimmer ist von einem Künstler aus der Gegend gestaltet. Hausherrin Doris Moser bittet zur Begrüßung auf die Wohnterrasse, wo morgens ein köstliches Frühstück mit Feigenmarmelade serviert wird. Die Früchte kommen vom Baum neben der Terrasse.
Mitterplars 30
Tel. 0473 448469
www.maratscher.com
10 Zi., DZ/Frühstück ab 118 €

(A/B4) Burgeis
Romantikhotel Weisses Kreuz & Ansitz zum Löwen
Burgeis ist ein Dorf wie aus der Zeit gefallen. Die Häuser sind mit Erkern, Bogen und monumentalen Portalen geschmückt, und mittendrin liegt das Hotel. Die Zimmer im Haupthaus sind schlicht und modern, romantisch wirken die Suiten im neuen »Ansitz zum Löwen«, einem gotischen Anwesen, das gekonnt restauriert wurde. Hier wohnt man in holzvertäfelten Stuben.
Burgeis 82
Tel. 0473 831307
www.weisseskreuz.it
45 Zi. und Suiten, DZ ab 152 € inkl. Halbpension

(A5) Trafoi
Hotel Bella Vista
Viele kennen Gustav Thöni als Ski-Weltmeister der 70er Jahre. Wer in dem schönen, 2011 renovierten Haus Urlaub macht, lernt ihn als Gastgeber kennen. Er ist hier groß geworden, seine Frau Ingrid ist eine der vielen guten Seelen im Haus, Tochter Petra die sympathische Juniorchefin. Deren Mann Stephan organisiert Klettertouren und Weinproben am Abend. Und Thöni selbst? Zieht womöglich mit den Kindern der Gäste gerade ein Floß durch den Teich, während die Eltern den Traumblick von der Terrasse genießen.
Dorf 17, Tel. 0473 611716
www.bella-vista.it *25 Zi., DZ ab 138 € inkl. Halbpension*

NORDEN

(J2) Ahornach
Naturhotel Moosmair
Grün ist gut fürs Gemüt, das hat man hier beherzigt. Die Wände sind leuchtend grün, die Möbel aus Lärchen- und Zirbenholz gebaut. Familie Ebenkofler, die den einstigen Bauernhof auf 1300 Metern

Die Lettern (A1) beziehen sich auf die Karte ab S. 147

seit sechs Generationen bewirtschaftet, hat das Haus aus dem 15. Jh. rundum erneuert.
Ahornach 44
Tel. 0474 678046
www.moosmair.it
22 Zi., DZ ab 138 €
inkl. Halbpension

(F 2) Sterzing
Steindl's Boutiquehotel
Kleines Hotel, einen Katzensprung von Sterzings Altstadt und der Bergbahn zum Roßkopf entfernt. Chef Werner Steindl hat 21 neue, schicke Zimmer sowie Suiten für bis zu sechs Personen auf drei Ebenen bauen lassen. Die unterste heißt »Garten«, die mittlere »Baumhaus« und die oberste »Wolke«, darüber liegt nur noch eine herrliche Dachterrasse. Das Preis-Leistungs-Verhältnis ist hervorragend.
Parkweg 2
Tel. 0472 765358
www.hotelsteindl.it
21 Zi., DZ/Frühstück
ab 89 €

(G 3) Vals
Hotel Valserhof
Das Haus ist mit Holz, Lodenstoffen und Sichtbeton gestaltet, was für ein edles, aber auch einladendes Ambiente sorgt. Familie Erlacher bietet dort alles, damit Gäste sich rundum wohlfühlen: Bibliothek, iPad-Verleih, Sauna, Fitnessraum, Kinderspielplatz und -zimmer, geführte Wanderungen, Unterhaltungsabende. Gar nicht so leicht, dort auch einfach mal gar nichts zu tun.
Pichlstr. 24
Tel. 0472 547177
www.valserhof.com
66 Zi., DZ ab 174 €
inkl. Halbpension

OSTEN

(J 4) Badia
Naturhotel Miraval
Das erste CO_2-neutrale Hotel in Alta Badia wurde von Familie Castlunger 2014 eröffnet. Das Haus erinnert an eine alte Scheune, die zwölf Zimmer haben direkten Blick auf den Gebirgsstock des Heiligkreuzkofels, der im Abendlicht oft tiefrot leuchtet.
Via Sompunt 19
Tel. 0471 844055
www.naturhotel miraval.com
12 Zi., DZ ab 172 € inkl. Halbpension, Mindestaufenthalt 3 Nächte

(L 3) Innichen
Hotel Grauer Bär
Schon im 15. Jh. wird ein Bärenwirt erwähnt, 1745 erwirbt Andrä Kopfsgueter den Gasthof, der – inzwischen in der neunten Generation – von seinen Nachkommen geführt wird. Die haben das Beste des Hauses erhalten und anderes gekonnt modernisiert. So kann man heute zwischen modern-schlichten, ländlich-tirolerischen oder Biedermeier-Zimmern wählen.
Peter-Paul-Rainer-Str. 2
Tel. 0474 914182
www.orsohotel.it
28 Zi., DZ ab 126 €
inkl. Halbpension

(H 5) St. Cristina
Hotel Saslong
Ein günstiges, modernes Hotel für junge Gäste: Gebucht wird nur das Zimmer (alle ohne Teppich), Preise variieren nach Saison und Buchungslage. Inklusive sind Lüften und Mülleimerleeren – Reinigung, Handtuchwechsel und Frühstück müssen extra gebucht werden. Die Bettbezüge sind für Allergiker geeignet.
Paluastr. 40
Tel. 0471 774444
www.saslong.eu
50 Zi., DZ ab 80 €

SÜDEN

(E 6) Kaltern
Biobauernhof St. Quirinus
Man könnte den Biohof auch »Design-Bauernhof« nennen. Von den Etiketten der Weinflaschen bis zu den schlichten Holzmöbeln passt alles zusammen. Die Ferienwohnungen sind großzügig geschnitten und haben eine große Loggia mit Blick über den Kalterer See.
Oberplanitzing 4b
Tel. 03298085003
www.st-quirinus.it
4 Wohnungen, 2 Pers. ab 80 € (Mindestaufenthalt 3 Tage)

(G 5) Seis am Schlern
Hotel Arvina
Arvina steht für »Ars Vitae Naturalis«, die Kunst des natürlichen Lebens. Hier ist fast alles aus natürlichen Materialien wie Holz oder Leder. Ein schöner Platz ist die Sonnenterrasse vor dem alten Haus, von der man die Santnerspitze im Blick hat.
Patenerweg 4
Tel. 0471 706436
www.hotelarvina.com
13 Zi., DZ ab 158 €
inkl. Halbpension

MERIAN | HOTELS FÜR FAMILIEN

Von Manuel Neuer bis zum Pinobär

Bolzen, wo die Stars trainieren. Basteln, bauen, baden und jede Menge Platz. Südtiroler Familienhotels machen Kinderträume wahr – und die der Eltern dazu

Nachwuchs am Ball: im »Golf & Spa Resort Andreus«

Drei kleine Jungs, sechs, vier und zwei Jahre alt. Sie lieben Südtirol, wie ihre Mutter. Noch mehr aber lieben sie Fußball, wie ihr Vater. Als meine Söhne hören, dass die Weltmeister in Südtirol trainiert haben, steht für sie fest: »Da fahren wir doch auch immer hin, da treffen wir Manuel Neuer!« Ein leichtfertiges Vielleicht, und schon sitzt es fest, das »Wir-treffen-Neuer«-Virus. Zum Glück ist das **Golf & Spa Resort Andreus,** das Trainingsquartier der deutschen Nationalmannschaft, auch auf Familien mit Kindern spezialisiert.

An der Rezeption erzähle ich kleinlaut, dass die Kinder seit Wochen davon sprechen, in Manuel Neuers Bett zu schlafen. Und bin erstaunt, dass kommentarlos verraten wird, wer in unserem Zimmer untergebracht war. Mats Hummels. »Mats Hummels, Alter!«, entfährt es dem Großen – offensichtlich, dass er die Geschichte vom »Neuer-Hotel« bisher doch nicht ganz für bare Münze genommen hatte. Doch er ist schnell überzeugt: Signierte Trikots und Bilder hängen an allen Wänden. Auf Flachbildschirmen läuft in Endlosschleife eine Fotoreportage vom Trainingscamp. Und zum Mitnehmen, als Postkarten oder kleines Büchlein, gibt es diese Bilder auch. Drei kleine Jungs im großen Glück!

Zumal auch sonst, fünf Sterne verpflichten, alles stimmt: Fußballplatz und Spielgeräte, großes Schwimmbad samt Planschbecken, für die Eltern ein sensationelles Spa, für die Kinder ein Klub mit Kicker, vielen Spielen und Betreuung. Leider erst ab drei Jahren, und »wenn die Brüder nicht dabei sind, macht der Kleine Stress für drei«, bemerkt der Schweizer vom Nebentisch. Er hat recht, das können wir nicht bestreiten.

Wir ziehen weiter zum **Garberhof,** hier werden schon Babys ab sechs Monaten betreut, und für Familien gibt es ein Rundum-Sorglos-Paket vom Keksbüfett bis zur Tragekraxe, die kostenlos verliehen wird. Bis ins Detail ist alles perfekt auf Familien und ihre Bedürfnisse ausgerichtet, überaus praktisch und dennoch sehr geschmackvoll.

Erstaunlich schnell ist Mats Hummels als Held Nummer eins der Söhne abgelöst. Sein Nachfolger ist wesentlich weniger athletisch: Der »Pinobär« ist ein plüschiger Pummel, der lustige Lieder brummt und die Kinder ins »Pinoland« lockt. Dort, zwischen Tausenden Legosteinen und Bastelsachen, auf einem riesigen Spielplatz mit zwei Dutzend Go-Carts, Rollern, Laufrädern und Bobby-Cars, bei unfassbar enthusiastischen Betreuerinnen, fühlt sich tatsächlich auch der Zweijährige wohl. Und die Eltern haben Urlaub. Endlich! *Anja Haegele*

Rundum-sorglos-Paket für Klein und Groß: der Garberhof

Golf & Spa Resort Andreus, (E 3) St. Leonhard in Passeier
Kellerlahne 3a, Tel. 0473 491330, www.andreus.it
73 Zi., Familienzimmer (2 Erw. u. 2 Kinder unter 7) ab 404 € inkl. Halbpension

Garberhof, (K 2) Rasen-Antholz, Niederrasen 232
Tel. 0474 497004, www.dolomit-familyresort.it
36 Zi., Familienzimmer (2 Erw. u. 2 Kinder unter 7) ab 278 € (all inclusive)

Weitere kinderfreundliche Betriebe in Südtirol sind unter **www.familienhotels.com** aufgelistet. Erfahren in der Organisation von Familienferien sind außerdem die »Kinderhotels Europa«, zu denen in Südtirol auch der Garberhof gehört. **www.kinderhotels.com**

Die Lettern (A 1) beziehen sich auf die Karte ab S. 147

Außen schön, innen köstlich: das »Restaurant Sichelburg«

Der Koch hat die Mütze auf: Oskar Messner vom »Pitzock«

WESTEN

(E 5) Sirmian
Gasthof Jäger
Dass der Weg das Ziel ist, stimmt beim »Gasthof Jäger« nicht. Der Weg dorthin ist eng, steil und kurvig. Die Belohnung ist ein unschlagbarer Blick übers Etschtal, mit Schlern, Rosengarten und Latemar im Süden und dem Granitkegel der Ifingerspitze im Nordosten. Die modern-schlichte Stube im Gasthof seiner Eltern hat der junge Koch Guntmar Öttl mit Rundumfenstern ausgestattet. Dass die Aussicht seiner Küche die Show stiehlt, muss er nicht fürchten. Derart fantasiereiche und stilsichere Variationen traditioneller Gerichte sind rar: Den Spargel etwa serviert Öttl mit Burrata und Senf-Hollandaise, zu Kalbsbackerl gibt es eine Mousse von brauner Butter. Vorsicht: Der Zwetschgenröster macht süchtig.
Apolloniaweg 5
Tel. 0471 678605
www.gasthof-jaeger.com

(E 4) Tscherms
Miil
Der Kränzelhof ist ein schönes Anwesen mit Labyrinthen, Irrgärten und kleinen Wäldchen, einem Teich und diversen Kunstinstallationen. Das dazugehörige Restaurant liegt in der alten Mühle, wo Othmar Raich seine Gäste mit dem Besten aus der Region erfreut: Selleriesalat mit wildem Wiesenspinat oder Passeirer Kitz gefüllt mit Bärlauch und Spargel. Und wenn zum Dessert Fichtennadel-Honigeis auf Waldbeeren mit frischem Waldklee gereicht wird, ist man bereit, sich für ein paar Stunden im Labyrinth zu verirren, nur um danach noch mal in der »Miil« zu essen.
Gampenstr. 1, Tel. 0473 563733, www.kraenzelhof.it

NORDEN

(H/J 3) Pfalzen
Restaurant Sichelburg
2013 hat Mirko Mair sein Restaurant eröffnet und sich bereits einen festen Platz im Herzen der Südtiroler Gourmets erkocht, weil er traditionelle Gerichte leicht und modern interpretiert. Die Sichelburg aus dem 14. Jahrhundert wurde großartig restauriert, man sitzt in herrlich gemütlichen und doch lichten Stuben mit Holztäfelung aus dem 16. Jahrhundert. Die Sonnenterrasse sucht ihresgleichen, und nicht nur deshalb sollte man sich genug Zeit nehmen, um bis zum Nachtisch sitzen zu bleiben. Noch ein Grund: das Kastanieneis im Kakifond mit Schoko-Espuma.
Burgweg 1a, Tel. 0474 055603, www.sichelburg.it

(F 2) Sterzing
Pretzhof
Es gibt sie noch, die alten, guten Dinge – auch wenn man, wie im Fall des »Pretzhofs«, ein wenig danach suchen muss. Der Bauernhof im Pfitschertal, hoch oberhalb von Sterzing, ist wirklich weit abgelegen, aber jede Suche wert: Ulli Mair kocht hier immer noch so, wie sie es von ihrer Großmutter gelernt hat. Und das mit Produkten vom eigenen Hof: der Speck, das Fleisch, der Honig, das Gemüse, der im Keller gereifte Käse – alles ist von hier.
Wiesen/Pfitsch, Tulfer 259
Tel. 0472 764455
www.pretzhof.com

(G 4) St. Peter/Villnöss
Pitzock
Das Villnösser Brillenschaf, eine alte Rasse, die ihren Namen den schwarzen Flecken um die Augen verdankt, spielt die Hauptrolle in Oskar Messners Küche. Er verarbeitet das würzige Fleisch der Tiere von Kopf bis Fuß: Die Leber gibt es als Creme mit in Honig gedünsteter Birne, den Bauch dünn und knusprig am Spieß geröstet, Herz, Lunge und Milz als »Beuschel« mit buttrigem Kartoffelschaum. Das schmeckt alles köstlich, und man merkt, dass sich Oskar Messner viel Zeit nimmt, über die besten Rezepte und den Umgang mit Lebensmitteln nachzudenken.
St. Peter 106, Tel. 0472 840127, www.pitzock.com

OSTEN

(J 3) Bruneck-Reischach
Hardimitz'n
In Südtirol haben sogar die Après-Ski-Locations noch kulinarische Klasse. Das »Hardimitz'n«, an der Talstation der Kronplatz-Seilbahn gelegen, ist Restaurant, Steakhouse, Pizzeria und Bar in einem. Die Auswahl an Pizzen ist riesig. Im Restaurant im ersten Stock isst man in urigem Ambiente, es gibt vielfältige Cross-over-Küche.
Seilbahnstr. 7
Tel. 0474 549026
www.hardimitzn.com

Schlichtes Ambiente, sensationelle Küche: im »St. Hubertus«

Schlemmen auf der Terrasse: in der »Taberna Romani«

(J 3) Percha
Auf dem Niedristhof wird am Backtag Roggenbrot in den großen Ofen geschoben, aus der eigenen Milch werden Käse und Topfen gemacht, zwei große Gärten liefern frisches Gemüse und Salate. Und nur Fleisch von eigenen Rindern und Schweinen landet auf den Tellern der Restaurantgäste. Eine Spezialität des Pustertals ist der fettarme Graukäse.
Aschbach 2, Tel. 0474 401163, www.niedristhof.it

(J 6) St. Kassian
St. Hubertus
Angenommen, man wollte sich nur ein einziges Mal im Leben ein Abendessen in einem Zwei-Sterne-Restaurant gönnen: Das »St. Hubertus« müsste auf jeden Fall in die letzte Runde der Kandidaten kommen. Chefkoch Norbert Niederkofler ist nicht nur fanatisch auf der Suche nach den besten Produkten, er setzt seine Heimat intelligent kulinarisch in Szene. Auf jeden Fall probieren sollte man das Filet vom Almochsen im Bergheu in zwei Gängen und eines seiner Risottos: cremig, körnig, köstlich.
Micurà de Rü-Str. 20
Tel. 0471 849500
www.rosalpina.it

(G 5) St. Ulrich
Tubladel
Bodenständige, raffiniert verfeinerte Südtiroler Küche für ein junges Publikum: Nudeln mit Speck, Schafskäse und Chili oder Schweinshaxe mit Ofenkartoffeln und Speck-Krautsalat. Bekannt ist das rustikale Restaurant für seinen katalanischen Holzkohlegrill, auf dem besonders leckere Steaks zubereitet werden. Immer sehr voll, deshalb besser reservieren!
Trebinger Str. 22
Tel. 0471 796879
www.tubladel.com

SÜDEN

(F 6) Aldein
Gasthof Krone
Zwei holzgetäfelte Stuben sind das Herzstück der »Krone«, urgemütlich und uralt. Das Haus stammt aus dem 16. Jahrhundert, die Familie Franzelin bewirtschaftet es seit 1720. Seniorchefin Maria Alberta steht seit fast 50 Jahren am Herd, in Topf und Ofen duldet sie nur hochwertige Produkte, viele vom eigenen Hof, andere von Bauern aus der Umgebung. Daraus kocht sie feine Traditionskost, ihre Schlutzkrapfen, Speckknödel oder die Weißweinsuppe sind zum Niederknien gut.
Dorfplatz 3
Tel. 0471 886825
www.gasthof-krone.it

(E 6) Tramin
Taberna Romani
Orte wie die »Taberna Romani« gibt es nur in Südtirol – wo italienisch-mediterrane Spezialitäten serviert werden und zum Nachtisch ein köstlicher Apfelstrudel. 2011 hat Armin Pernstich sich mit der kleinen Taberna selbstständig gemacht, nachdem er das Kochen bei mehreren Sterneköchen gelernt hatte. Pernstich ist Slowfood-Anhänger, entsprechend hochwertig und regional sind die Produkte, die er verwendet. Man sitzt im Kellergewölbe oder auf zwei herrlichen Gartenterrassen. Und wer nicht mehr wegwill, bucht einfach eine der zugehörigen Ferienwohnungen.
Andreas-Hofer-Str. 23
Tel. 0471 860010
www.ansitzromani.com

(G 5) Völs am Schlern
Wasserer Hof
Als der Vater der Mock-Brüder den verfallenen Hof von 1366 im Jahr 1996 kaufte, war sein Sohn Andreas noch Buchhalter. Die Natursteinmauern des Gehöfts wurden freigelegt und der Ruß wurde von den Balken gekratzt. Über Rohholztischen hängen jetzt feine Lampen aus Muranoglas, der Hof ist ein Weingut mit Buschenschank, und Andreas Mock ist jetzt Koch. Er serviert etwa Knödel aus Roter Bete und Radicchio oder Kürbis-Schlutzkrapfen, im Herbst Kastanien und Schlachtplatte. Und dazu, natürlich, die hofeigenen Weine.
Völserried 21
Tel. 0471 724114
www.wassererhof.com

Die Lettern (A 1) beziehen sich auf die Karte ab S. 147

MERIAN | **GOURMET-HÜTTEN**

Die Abfahrt kann warten

Wer in eine Skihütte einkehrt, wird in Südtirol nicht nur satt – sondern mit so gutem Essen verwöhnt, dass er das Skifahren glatt vergisst

Eintopf aus der Gulaschkanone, matschige Spaghetti »Bolo« und Tiefkühl-Germknödel – auf der Nordseite der Alpen ist das oft Standard auf der Hüttenkarte. In Südtirol aber kann man sich eine ganze Skiwoche lang jeden Tag in einer anderen Gourmet-Hütte verwöhnen lassen. Legendär ist das **Moritzino** auf dem Piz La Ila, wo Stars und Sternchen Champagner trinken und angeblich auch schon mal reiche Russen mit 500-Euro-Scheinen wedeln. Aber: Man kann dort auch ohne Chichi fantastisch essen: Fische, täglich frisch vom Markt in Chioggia, fantastische Steaks und Pizza aus dem Holzofen. Fisch und Langusten aus eigener Zucht in Grado werden in der **Comici-Hütte** zu Füßen des Langkofel serviert. Selbst mit Skistiefeln an den Füßen wird man hier an weiß gedeckten Tischen bedient. Rustikaler ist die **Gostner Schwaige** auf der Seiser Alm. Besitzer Franz Mulser, der unter anderem im Münchner Sternerestaurant »Tantris« gelernt hat, trägt am liebsten Krachlederne und Trachtenhemd, wenn er in der winzigen Küche steht. Was er dort zubereitet, ist köstlich: Ossobuco vom Milchferkel oder karamellisierter Kaiserschmarrn mit Zwetschgenröster und Wiesenblüten. Köstliche hausgemachte Pasta und eine sensationelle Gerstensuppe bereitet Markus Holzer in der **Jora-Hütte** im Hochpustertal. Und auch auf dem Schnalstaler Gletscher, in der **Schutzhütte Schöne Aussicht** auf 2845 Meter Höhe, isst man vorzüglich: Knödel, Schlutzkrapfen und Apfelstrudel in Top-Qualität.

(J 5) **Moritzino,** Piz La Ila, Tel. 0471 847395, www.moritzino.it
(H 5) **Comici-Hütte,** Wolkenstein, Tel. 0471 794121, www.rifugiocomici.com
(G 5) **Gostner Schwaige,** Seiser Alm, Tel. 03478368154
(L 3) **Jora-Hütte,** Innichen, Tel. 03356561256, www.jora.it
(C 3) **Schutzhütte Schöne Aussicht,** Schnals, Tel. 0473 662140
www.goldenerose.it/de/schutzhuette-schoene-aussicht

Beliebt bei Stars, Sternchen und Gourmets: das »Moritzino«

Über den Wolken: Am Göflaner Schartl muss das Biken wohl grenzenlos sein

Gleitschirmfliegen

Wie ein Vogel über den Dolomitengipfeln kreisen und die Aussicht genießen – das ist ein unvergessliches Erlebnis. Bei den Schnuppertagen der **Flugschule CVL Alta Badia in La Villa (J 5)** hält man sich noch am Übungshang auf, beim 3-Tageskurs geht es schon einmal richtig in die Höhe, und während des Wochenkurses werden schon Flugfiguren einstudiert. Tandemflüge gibt's auch. Dafür ist keine Ausbildung nötig, mit einem versierten Piloten können sogar Kinder in die Luft gehen.
www.cvl-altabadia.com

Golf

Sieben Golfplätze gibt es in Südtirol. Wenn es nach der Auslastung ginge, wären es mindestens doppelt so viele. Aber es ist nun mal nicht so einfach, auf dem engen Raum im Hochgebirge eine optimale Anlage zu bauen. Als besonders schön gilt der **9-Loch-Platz »Karersee« (G 6)**, in 1600 Metern Höhe zu Füßen des Rosengartens gelegen. Noch 100 Meter höher erstreckt sich der Platz in **Corvara (H/J 5)** (9-Loch) – das grandiose Sella-Panorama dürfte die Konzentration beim Abschlag nicht leichter machen. 18 Löcher haben z. B. die Clubs in Petersberg bei Deutschnofen und St. Vigil Seis bei Kastelruth.
www.golfinsuedtirol.it

Klettern

Wer Felswände sicher hochklettern möchte, braucht eine gute Ausbildung – oder erfahrene Begleiter. Die **Alpinschule Drei Zinnen** in Sexten **(L 4)** hat Kurse sowie Wander- und Klettertouren für jeden im Programm. Hier kommen alle auf ihre Kosten: Kinder und Erwachsene, gut und nicht so gut Trainierte, mehr und weniger Erfahrene.
www.alpinschule-dreizinnen.com

Langlaufen

Das Antholzertal, zwischen Dolomiten und Riesenfernergruppe gelegen, ist bekannt für seine erfolgreichen Langläufer und Biathleten. Die haben hier mit mehr als 60 Kilometern präparierter Loipen beste Trainingsbedingungen. Für Hobbysportler bietet die **Langlaufschule Antholz** Kurse im klassischen und im Skating-Stil für Kinder und Erwachsene, Anfänger und Fortgeschrittene sowie Biathlon-Kurse an **(K 2/3)**.
www.langlauf-antholz.it

Mountainbike

Vor allem das Vinschgau mit seinem trockenen, sonnigen Wetter und den langen, sacht abfallenden Hängen ist ein Paradies für Mountainbiker. Die **Bikeschule Vinschgau** veranstaltet Kurse und Programme für Anfänger, Fortgeschrittene und Könner – von der

gemütlichen Rundfahrt über den Tagestrip mit 10 000 Höhenmetern bis zur Wochentour. Sehr praktisch: der Shuttle-Service, der nicht nur von Teilnehmern geführter Touren, sondern von jedem unter der Hotline 3480427229 in Anspruch genommen werden kann.
www.vinschgaubike.com

Pferdekutschenfahrt

Das Fischleintal ist eines der schönsten Täler Südtirols. Es zieht sich ab Moos entlang mächtiger Felswände in Richtung Drei Zinnen und ist ab Fischleinboden bis zum Talschluss für Autoverkehr gesperrt. Wie schön, dass hier von Ende Juni bis Ende September von 10 bis 18 Uhr im Stundentakt Pferdekutschen verkehren. Startpunkt ist gegenüber dem »Hotel Dolomitenhof«. Während die Kutsche dann Richtung Talschlusshütte schaukelt, hat man auch die berühmte **Sextner Sonnenuhr** im Blick. Diese »steinerne Uhr« bilden fünf Dolomitengipfel, deren Namen – Neuner, Zehner, Elfer, Zwölfer und Einser – exakt dem Lauf der Sonne entsprechen **(L 4)**.
Kontakt: Kramerhof
Tel. 0474 710223

Rafting

Auf einem Schlauchboot über Wellen und Strudel die Flüsse Südtirols hinunterreiten, egal, wie hoch das Wasser dabei spritzt – Rafting ist nicht gerade die gemütlichste Art der Fortbewegung, aber ein großer Spaß. Der **Rafting Club Activ** in Sand in Taufers hält Touren für jedes Niveau auf der Ahr, der Rienz und der Eisack bereit. Sogar Kinder dürfen auf bestimmten Abschnitten der Ahr mit ins Boot. Außerdem im Angebot: Wildwasser-Kajaktouren sowie Hydrospeed-Ausflüge. Bei letzterem legt man sich in einem Neoprenanzug auf eine Art Schwimmbrett und spürt das wilde Wasser, auf dem man dahingleitet, hautnah.
www.rafting-club-activ.com

Reiten

Sie sind die berühmtesten tierischen Botschafter Südtirols: die Haflinger. Die fuchsfarbenen Gebirgspferde mit ihren blonden Mähnen eignen sich wegen ihrer geringen Größe und ihrer Gutmütigkeit besonders gut für Kinder. Als Dressur- oder Springpferde werden sie

Im Wasserfall: Auf der Ahr wird Rafting zum Vollwaschgang

Es ist, als wache der Schlern über das klare Wasser des Völser Weihers

MERIAN | **BADEN GEHEN**

Abkühlung mit Aussicht

Auch an Seen und in Freibädern zeigt Südtirol, wie schön es ist. Das Meer fehlt keinem, und die Berge sind fast immer im Blick

Südtirol hat so viele wunderbare Badeseen und tolle Freibäder, dass man das Meer nur dann vermisst, wenn man die Zunge ins Wasser steckt und statt Salz Moor oder Chlor schmeckt. Auch der weite Horizont fehlt einem nicht, hat man doch oft ein herrliches Bergpanorama vor der Nase. Wie etwa die Geislerspitzen im modernen **Freibad Feldthurns** (G4), wo eine großzügige Liegewiese, ein Sprungturm und zwei Kinderplanschbecken warten. Architektonisch interessant ist das **Seebad Lido Kaltern** (E6): Geschwommen wird dort im »ersten Stock« auf einem Sonnendeck. Von unten kann man den Badenden wie in einem Aquarium zusehen – und gleich danach in den **Kalterer See** (E6), den wärmsten Badesee der Alpen, springen. Für das **Freibad Lido Schenna** (E4) spricht neben dem Infinity-Pool, der den Eindruck eines unendlichen Beckens vermittelt, und stilvollen Holzliegestühlen auch der Blick über Meran, den man von der Aussichtsplattform und auch von der Wasserrutsche hat. Weniger Weitsicht, dafür drumherum einen wunderschönen Wald bieten der **Große und Kleine Montiggler See** (E6), außerdem viele lauschige Badeplätze, weiches Moorwasser und mit dem Lido auch ein Schwimmbad. Aber Achtung: Nach Regentagen ist hier bisweilen Mückenalarm! Den **Völser Weiher** (G5) am Fuß des Schlern liebte schon der Wiener Erzähler und Dramatiker Arthur Schnitzler (1862-1931) – obwohl er angeblich nie darin geschwommen ist, sondern immer nur am Ufer saß, um zu schreiben. Der Weiher wird von einem Bergbach gespeist, hat daher auch im Hochsommer nie mehr als 22 Grad und ist trotz unzähliger Bade- und Rudergäste jeden Sommer von Seerosen bedeckt. Die blühen auch im **Naturbad Gargazon** (E5), dessen 50-Meter-Becken dank der intakten Pflanzenwelt ganz ohne Chlor auskommt.

weniger eingesetzt, aber sie sind, weil sehr ausdauernd, perfekt für lange Ausritte, auch im Gebirge. Auf der Hochebene von Hafling zu reiten, dort, wo ihre Zucht einst begann, ist ein besonders eindrucksvolles Erlebnis. Ein schöner Haflinger-Stall gehört zum **Hotel Sulfner.** Dort werden Reitstunden, unterschiedlich lange Ausritte, Geländeritte sowie Touren für Kinder angeboten – und das nicht nur für Hausgäste, sondern gegen geringen Preisaufschlag für jedermann **(E4).**
www.hotel-sulfner.com

Rodeln

Besonders schön ist die **Naturrodelbahn am hinteren Ende des Antholzer Sees.** Die fünf Kilometer lange Strecke mit rund 400 Meter Höhenunterschied ist nicht besonders schwer zu fahren, allerdings steht vor dem Rodelvergnügen ein eineinhalbstündiger Aufstieg von der »Enzianhütte« am Seeufer zum Staller Sattel an. Wer lieber eine Gondel nehmen will, wählt die **Rodelstrecke am Rosskopf.** Von der Bergstation saust man dann zur Talstation der Rosskopf-Bahn: über 900 Höhenmeter auf zehn Kilometern – ein anspruchsvoller Ritt. Und so sollte man sich, auch wenn die Rodelbahn dank Beschneiungsanlage gut gepflegt ist, besser auf die Fahrt statt auf das prächtige Panorama konzentrieren. Dienstags und freitags fährt die Bergbahn bis 22 Uhr, auf der Rodelbahn ist das Flutlicht bis 24 Uhr eingeschaltet **(K2).**
www.rosskopf-ladurns.it

Skifahren

Wer einmal in Südtirol Skifahren war, der kommt immer wieder. Zum einen, weil das Essen auf den Hütten um Klassen besser ist als anderswo in den Alpen (siehe Kasten S. 141), zum anderen, weil die **Sella Ronda,** die weltbekannte Runde um das Massiv der Sella, die wohl schönste Skisafari der Alpen ist. Um die 40 Kilometer lange Rundtour zu bewältigen, braucht man weniger skifahrerisches Können als Ausdauer: Mit Pausen ist man – je nach Fahrtrichtung und Wartezeit an den Liften – vier bis fünf Stunden unterwegs. Ambitionierte Fahrer schaffen die Runde in drei Stunden. Möglich sind dann auch Abstecher zu den schwarzen Pisten von Arabba, auf die Seceda im Grödner Skigebiet oder zur Weltcup-Riesenslalomstrecke »Gran Risa« in La Villa. Spaß macht es, die Skipassnummer abends im Internet einzugeben: Man erhält ein genaues Profil seiner Tagesleistung samt zurückgelegter Pistenkilometer und Höhenmeter **(H5).**
www.dolomitisuperski.com

Unberührte Hänge wie dieser auf der Hohen Gaisl sind ein Traum für Skifahrer

FOTOGRAFEN

Fotografin **Christina Körte** besuchte Südtiroler Winzer, Gemüsebauern und eine Biokäserei (ab S. 56). Seitdem sehnt sie sich zu Hause in Hamburg bei jedem Einkauf im Supermarkt nach Südtirol zurück.

Gregor Lengler ist leidenschaftlicher Bergsteiger, stundenlang kann der Fotograf auf Gipfeln wie hier am Rosengarten sitzen und auf das beste Licht warten. Ergebnis: beeindruckende Landschaftsaufnahmen (ab S. 12).

Den **MERIAN kompass** recherchierte und schrieb Anja Haegele. Redaktionsschluss: 15. Februar 2015

FOTO-SYNDICATION

c/o Stockfood GmbH
München, Tel. 089 747202-90
E-Mail: willkommen@jalag-syndication.de
www.jalag-syndication.de
Hotel- und Gastronomie-Fotos finden Sie unter
www.gourmetpictureguide.de

BILDNACHWEIS

Anordnung im Layout: o = oben, u = unten, r = rechts, l = links, m = Mitte
Titel: Gregor Lengler; S. 3 Michael Müller; S. 4/5 o, 4 m, 5 Gregor Lengler, S. 4 u Christina Körte; S. 6/7 Gregor Lengler, S. 7 o Lorenz Fischnaller, S. 8 o Alex Filz/SMG, S. 8 ul Gregor Lengler (2), S. 8 m intophoto, S. 8 ur GourmetPictureGuide, S. 10/11 m Gregor Lengler, S. 10/11 u aus »Total alles über Südtirol«/Hermann Gummerer/Franziska Hack/no.parking/Folio Verlag; S. 12-24, 26, 27 u-32 Gregor Lengler, S. 25 Herta Hurnaus, S. 27 o Christina Körte; S. 34 m Angela Gerlach; S. 38-46 Gregor Lengler; S. 51 Andreas H. Bitesnich, S. 52 Hans-Bernhard Huber/laif, S. 54 Kronplatz/Zaha Hadid Architects; S. 56-65 o Christina Körte, S. 65 u Maria Sigmund; S. 68, 71 or Marco Samadelli/Gregor Staschitz/Südtiroler Archäologiemuseum/ Eurac, S. 69 l Südtiroler Archäologiemuseum/ www.iceman.it (3), S. 69 r Riedmiller/Caro, S. 70 Südtiroler Archäologiemuseum, S. 71 ol Augustin Ochsenreiter/ Südtiroler Archäologiemuseum; S. 72-78, 79 u, 80 u Gregor Lengler, S. 79 m Christina Körte, S. 80 o Frieder Blickle/Vinschgau Marketing; S. 82 Ralph Peters/imago, S. 83 Marka/Interfoto; S. 84-90 l Christina Körte, S. 90 r intofoto; S. 92, 94 ol, 94 ur, 94 um, 98 Christina Körte, S. 93, 96 Gregor Lengler, S. 94 or Gunter Standl, S. 94 ul Seppi Werbefoto; S. 100-109 Gregor Lengler; S. 112-121, 127, 144, 146 m Gregor Lengler, S. 123 Archiv Südtiroler Landesmuseum für Volkskunde, S. 125 Tappeiner GmbH, Lana, S. 129 Gregor Lengler/laif, S. 131 Thomas Zwyssig/Südtirol Marketing, S. 132 Photo Grüner T homas/PloseSkiAG, S. 139 l Harald Wisthaler, S. 140 l Stefano Scatam, S. 140 r Dietmar Mitterer-Zublasing/www.compusol.it, S. 141 Freddy Planinschek, S. 142 Matze Gruber, S. 145 Norbert Eisele-Hein/JAI/Corbis, S. 146 o Klaus Körte, S. 150 ullstein bild, S. 151 Martin Ruepp; S. 154 o, ml Andrea Di Lorenzo, mr Klaus Bossemeyer; Karten: © MERIAN-Kartographie (Daten von OpenStreetMap – Veröffentlicht unter ODbL)

TITELFOTO

MERIAN-Fotograf Gregor Lengler hielt die Nachmittagsstimmung am Pragser Wildsee in den Dolomiten fest. Im Hintergrund ragt der Seekofel in den Himmel.

IMPRESSUM

Heft 4/2015 – Südtirol. Erstverkaufstag dieser Ausgabe ist der 26. 03. 2015
MERIAN erscheint monatlich im Jahreszeiten Verlag GmbH, Poßmoorweg 2, 22301 Hamburg, Tel. 040 2717-0
Redaktion Tel. 040 2717-2600, Fax -2628, E-Mail: redaktion@merian.de **Internet** www.merian.de
Abonnementvertrieb und Abonnentenbetreuung DPV Deutscher Pressevertrieb GmbH
Tel. 040 2103-1371, Fax -1372, E-Mail: leserservice-jalag@dpv.de

Chefredakteur Andreas Hallaschka **Stellv. Chefredakteur** Hansjörg Falz
Art Directorin Sabine Lehmann **Textchefin** Kathrin Sander **Chefin vom Dienst** Jasmin Wolf
Redaktion Roland Benn, Tinka Dippel, Andreas Leicht, Jonas Morgenthaler, Peter Münch
Bildredaktion Katharina Oesten (Leitung), Tanja Foley **Layout** Dorothee Schweizer (stellv. AD)
Lektorat, Dokumentation Jasmin Wolf (Leitung), Karin Harder (CvD/Herstellung)
www.merian.de Bianca Schilling (Leitung)
Assistentin der Chefredaktion Sabine Birnbach
Konzeption dieser Ausgabe Hansjörg Falz, Birgit Heiland, Tinka Dippel (Text), Katharina Oesten (Bild)
Mitarbeiter dieser Ausgabe Ricarda Gerhardt, Stefanie Plarre, Sebastian Schulin (Dokumentation); Cornelia Böhling, Ingrid Kollermann (Grafik); Violetta Bismor (Bild); Anne Knappe (Text)

MERIAN-Autoren Manuel Andrack, Barbara Baumgartner, Verena Carl, Oliver Fischer, Lena Gorelik, Katharina Hacker, Alexa Hennig von Lange, Wladimir Kaminer, Mathias Mesenhöller, Clemens Meyer, Matthias Politycki, Peter Richter, Saša Stanišić, Ilija Trojanow, Martin Tschechne, Bernd Volland, Juli Zeh, Burkhard Maria Zimmermann

Geschäftsführung Christine Hillmer, Dr. Ingo Kohlschein, Peter Rensmann
Verlagsleiter MERIAN und Corporate Business Development Oliver Voß
Marketingleitung Marc Buße
Gesamtvertriebsleitung Jörg-Michael Westerkamp (Zeitschriftenhandel), Thomas Voigtländer (Buchhandel)
Abovertriebsleitung Christa Balcke

Vermarktung BM Brand Media GmbH, Dorotheenstraße 84, 22301 Hamburg
www.brandmedia.de, Tel. 040 2717-1200, Fax -4343
Sprecherin Geschäftsführung Helma Spieker **Geschäftsleitung Sales** Alexander Kratz
Director Brand Management Premium/Luxus Roberto Sprengel
Group Head Brand Premium/Luxus Sabine Rethmeier
Anzeigenstruktur Patricia Hoffnauer, Tel. 040 2717-2004

Verantwortlich für den redaktionellen Inhalt Andreas Hallaschka
Verantwortlich für Anzeigen Roberto Sprengel

Verlagsbüros Inland
Hamburg Tel. 040 2717-2595, Fax 040 2717-2520, E-Mail: vb-hamburg@bm-brandmedia.de
Hannover/Berlin Tel. 0511 856142-0, Fax 0511 856142-19, E-Mail: vb-hannover@bm-brandmedia.de
Düsseldorf Tel. 0211 90190-0, Fax 0211 90190-19, E-Mail: vb-duesseldorf@bm-brandmedia.de
Frankfurt Tel. 069 970611-0, Fax 069 970611-44, E-Mail: vb-frankfurt@bm-brandmedia.de
Stuttgart Tel. 0711 96666-520, Fax 0711 96666-22, E-Mail: vb-stuttgart@bm-brandmedia.de
München Tel. 089 69749-0, Fax 089 69749-131, E-Mail: vb-muenchen@bm-brandmedia.de

Repräsentanzen Ausland
Belgien/Niederlande/Luxemburg Mediawire International, Tel. +31 651 480108, E-Mail: info@mediawire.nl
Frankreich Adnative sarl, Tel. +33 1 53648890/91, E-Mail: paris@adnative.net
Großbritannien International Graphic Press Ltd., Tel. +44 20 74034589, E-Mail: info@igpmedia.com
Österreich Publicitas GmbH, Tel. +43 1 2115342, E-Mail: andrea.kuefstein@publicitas.com
Schweiz Affinity-Prime MEDIA Ltd., Tel. +41 21 7810850, E-Mail: info@affinity-primemedia.ch
Italien Media & Service International Srl, Tel. +39 02 48006193, E-Mail: info@it-mediaservice.com
Spanien/Portugal K. Media, Tel. +34 91 7023484, E-Mail: info@kmedianet.es
Skandinavien International Media Sales, Tel. +47 55 925192, E-Mail: fgisdahl@mediasales.no

Die Premium Magazin Gruppe im JAHRESZEITEN VERLAG

A&W Architektur & Wohnen COUNTRY DER FEINSCHMECKER WEIN Gourmet MERIAN

Gültige Anzeigenpreisliste: Nr. 6.
Das vorliegende Heft April 2015 ist die 4. Nummer des 68. Jahrgangs.

Jahresabonnementspreis im Inland 92,40 €, für Studenten 46,20 € (inklusive Zustellung frei Haus).
Der Bezugspreis enthält 7 % Mehrwertsteuer.
Auslandspreise auf Nachfrage. Postgirokonto Hamburg 132 584 201 (BLZ 200 100 20)
Commerzbank AG, Hamburg, Konto-Nr. 611657800 (BLZ 200 400 00)
Führen in Lesemappen nur mit Genehmigung des Verlages. Printed in Germany

Weitere Titel im Jahreszeiten Verlag
FÜR SIE, PETRA, VITAL, PRINZ, Architektur & Wohnen, COUNTRY, DER FEINSCHMECKER
WEIN GOURMET, SCHÖNER REISEN, ZUHAUSE WOHNEN

Litho K + R Medien GmbH, Darmstadt

Druck und Verarbeitung heckel GmbH, Nürnberg
ISBN 978-3-8342-1400-3, ISSN 0026-0029, MERIAN (USPS No. 011-458) is published monthly.
by JAHRESZEITEN VERLAG GMBH. Subscription price for USA is $ 110 per annum.
K.O.P.: German Language Publ., 153 S. Dean Street, Englewood NJ 07631.
Periodicals postage is paid at Englewood NJ 07631, and at additional mailing offices.
Postmaster: Send address changes to: MERIAN, GLP, PO Box 9868, Englewood NJ 07631

JAHRESZEITEN VERLAG
Ein Unternehmen der GANSKE VERLAGSGRUPPE

BRAND MEDIA

MERIAN-Karte
SÜDTIROL
A
B
C
D
E
ÖSTERREICH
SCHWEIZ
Stubaier Alpen
Stubaital
Pitztal
Kaunertal
Ötztal
Ötztaler Alpen
Oberer Vinschgau
Vinschgau
Unterer Vinschgau
Ortlergruppe
Stilfser Joch Nationalpark
Naturpark Texelgruppe
Naturpark Pfossental
Texelgruppe
Sesvennagruppe
Passeiertal
Pfelderer Tal
Schnalstal
Martelltal
Ultental
Suldental
Münstertal
Langtauferer Tal
Planeiltal
Matscher Tal
Zebrutal
Mendelkamm
Brentagruppe
Prutz
Feichten
Huben
Aschbach
Ranalt
Pfunds
Inn
Stausee Gepatsch
Mittelberg
Sölden
Zuckerhütl 3507
Östl. Feuerstein 3268
Finstermünzpass 1188
Plangeroßspitze 2942
Glockturm 3355
Nauders
Martina
Wildspitze 3774
3142
Obergurgl
2474 Timmelsjoch
Schönau
3251 Botzer
Maiern
St. Lorenzen
Rabenstein
Hohe Kreuz-Sp. 2743
Weißseespitze 3532
3030
2808
1507 Reschenpass
Reschen
Melag
Rojen
Reschensee
Graun i. Vinschgau
Schöneben
Moos in Passeier
3403 Hoher First
Platt
Stuller Wasserfall
Gleiten
3155 Rotmoosjochs
3469 Ht. Seelenkogl
Gletschermühle
Pfelders
St. Martin in Passeier
3736 Weißkugel
2875 Zur schönen Aussicht
Hochjoch
2926 Haider Alm
St. Valentin a. d. Haide
Haidersee
3359 Valvel-Sp.
Kurzras
3602 Similaun
3624 Hintere Schwärze
3479 Hochwilde
2868 Kolben-Sp.
3433 Saldurn-Sp.
Vernagt
Vernagt-Stausee
Unser Frau in Schnals
Vorderkaser
3337
Saltaus
2554 Watles
Kloster Marienberg
Planeil
Thanai
Archeoparc
Kl. Allerengelberg
Karthaus
Verdins
P. Sesvenna 3205
Schlinig
Burgeis
Mals
Tartsch
Schleis
Laatsch
Rems-Sp. 3206
Matsch
3200 Mastaun-Sp.
Katharinaberg
Alt Ratteis
Kuens
Riffian
Schenna
Oberplars
Schloss Tirol
Dorf Tirol
Meran 2000
Partschins
Töll
Algund
MERAN
3075 Taufers im Münstertal
Schluderns
Churburg
Glurns
Rambach
Lichtenberg
Münster
Sta. Maria
Spondinig
Tannas
St. Martin am Vorberg
Kortsch
Vezzan
Goldrain
Kastelbell-Tschars
Schloss Juval
Rabland
St. Prokulus
Naturns
Plaus
Marling
Schloss Lebenberg
Tscherms
Schloss Trauttmansdorff
St. Katharina
Hafling
Vigiljoch
Knottnkino
Prad am Stilfserjoch
Aquaprad
Stilfs
Laas
Tschengls
Schlanders
Latsch
Morter
Montani
Tarnell
Tabland
2608 Hochwart
Lana
Burgstall
Vöran
Kleinboden
Gomagoi
Orgel-Sp. 3305
Martell
Bad Salt
St. Pankraz
Völlan
Leonburg
Gargazon
Tisens
Prissian
Katzenzungen
Fahlburg
Vilpian
Sirmian
Nals
3004
Umbrailpass 2501
Außer Sulden
Trafoi
St. Gertraud in Sulden
Vertain-Sp. 3544
Düsseldorfer Hütte
Gand
Hasenöhrl 3257
Arzkersee
Tumpfhof
St. Walburg
Ulten
Oberhof
Valschauerbach
Mitterbad
2434
1518 Gampenjoch
Unsere liebe Frau i. Walde
Andrian
Festenstein
Perdonig
2757 Stilfser Joch
Payerhütte
Sulden
Hint. Schöntaufspitze 3324
Zufrittsee
Zufritt-Sp. 3439
Grünsee
St. Gertraud
St. Nikolaus
Ortler 3905
Hochjoch-Biwakschachtel
3851 Königsspitze
3343
Weißbrunner Alm
Weißbrunner See
2656
Proves
St. Felix
1866
Missian
Schloss Hotel Korb
Zufallsp.
3757
3386
Marcena
Laurein
Fondo
Penegal 1737
Eppan
Eislöcher
Bresimo
Preghena
1363 Mendelpass
Kaltern
Montiggler
Schloss Ringberg
Altenburg
St. Josef
Cles
Lago di S. Giustina
Sanzeno
M. Roen 2116
Söll
Tuenno
Cóḋedo
Sfruz
St. Jakob
Tramin
Segno
Kurtatsch
Graun
Flavon
Castello la Fornace
Castello Thun
Penon
Margreid
Termon
Vigo Anaunia
Fennberg
Kurtinig
Lover
Spormin ore
Mezzolombardo
Salurn
Haderburg
Etsch
Passer
Inn
Venter Ache
38
40
41
42
43
43b
44
44b
238
315
27
N28
A22
12
0
9 km
Autobahn
Schnellstraße
Fernverkehrsstraße
Hauptstraße
Nebenstraße
Provinzgrenze
Staatsgrenze
Schloss, Burg; Ruine
Kirche; Kloster
Hütte
Höhle
Golfplatz
Aussichtspunkt
Flughafen; Flugplatz
Naturpark
© MERIAN-Kartographie
Donau
München
DEUTSCHLAND
Konstanz
Salzburg
Zürich
Rhein
LIECHTENSTEIN
Innsbruck
Inn
ÖSTERREICH
Chur
SCHWEIZ
Südtirol
Meran
Brixen
Bozen
Lienz
ITALIEN
Trient
Udine
Bergamo
Etsch
Treviso
Como
Brescia
Vicenza
Mailand
Verona
Padua
Venedig

F
G
H
J
Zillertaler Alpen
Sarntaler Alpen
Steinach
Kasern
Toldern
Rauth
Ginzling
Roßwandspitze 3158
Glockenkarkopf 2913
Nößlach
Außervals
Innervals
Zsigmondyspitze 3089
Gschnitz
Obertal
Brennersee
Brennerpass 1374
Schlegeisspeicher
3289
3096
Pflerscher Tribulaun
2165
Brennerbad
St. Jakob
Pfitscherjoch
2251
Pfitscher B.
3479 Möseler
3510 Hochfeiler
3369 Schwarzenstein
3379 Gr. Löffler
3144
Wieser Alm
Kasern
Prettau
Ahrntal
St. Peter
St. Jakob i. A.
Steinhaus
Knutten-Alm
Klausberg
Kemater
Amthor-Sp. 2749
Pflerschtal
Innerpflersch
Ladurns
Pfitschertal
Wipptal
Gossensaß
Wilde Kreuzspitze 3132
Roßkopf 2189
Wiesen
Pretzhof
Sterzing
Sprechenstein
Thuins
Mareit
Stange
Gilfenklamm
Reifenstein
Freienfeld
Ridnauntal
Bichl
Kalch
Mitterthal
Jaufenpass
2099
Mauls
Valsertal
Vals
Altfaßtal
Pfunderertal
Pfunders
Gitsch 2510
Weitental
2809 H. Grubbach-Sp.
Mühlwalder Tal
Mühlwald
Lappach
Neves-Stausee
St. Johann
Luttach
Weißenbach
Naturpark
Moostock 3059
Durreck 3130
Dreieck-Sp. 3031
Rein in Taufers
Ahornach
Reintal
Rieserfernergruppe
Burg Taufers
Speikboden 2517
Sand i. Taufers
Reinbachfälle
Mühlen
Rieserferner-gruppe
Ruthner Horn 3358
Hochgall 3436
3105
Schwarze Wand
Rasen
Antholz Mitterertal
Uttenheim
Mühlbach
Tauferer Tal
2418
Schloss Neuhaus
Gais
Amaten
Bad Salomonsbrunn
2483
Antholzertal
St. Georgen
Ob. Wielenbach
2215 Penser Joch
Eisacktal
Mittewald
Franzensfeste
Meransen
Mühlbach
Vintl
Pusterer Sonnenstr.
Terenten
Erdpyramiden
Kiens
Schöneck
Issing
Pfalzen
Bruneck
Stegen
Percha
Reischach
Ehrenburg
Weißhorn 2705
Pens
Talfer
Weißenbach
Rodeneck
Vahrner See
Schabs
Bad Rahmwald
St. Lorenzen
Taisten
Olang
Welsberg
2742
Durnholz
Durnholzer See
Schalders
Vahrn
Neustift
Lüsen
Lüsenertal
2194
St. Nikolaus
Kronplatz 2275
2273
Pustertal
Prags
Bad Bergfall 2567
Pragser Wildsee
Penser Tal
Brixen
St. Leonhard
Plose 2504
St. Andrä
Woody Walk
Zwischenwasser
Enneberg
St. Vigil
2581
Untermoi
Gadertal
St. Martin i. Thurn
Naturpark
2787
2810 Seekofel
Durnholztal
Astfeld
Latzfons
Feldthurns
Schloss Velthurns
Albeins
Palmschoß
2004
Würzjoch
Peitlerkofel 2875
Fanes-
Fodara Vedla
Rautal
Hohe 3146
Stoanerne Mandln
Villandersberg 2509
Sarnthein
Kloster Säben
Teis
Afers
St. Peter
Naturpark
St. Magdalena
Campill
Wengen
Villanders
Gufidaun
Villnösstal
Villnöss
Zans
2340
Seres-Mühlen
Hl. Kreuz
3026
Sennes-
Fanes-Alm
Reineck
Klausen
Bad Froi
Bad Schörgau
Bundschen
Rittner Horn 2259
Bad Dreikirchen
Lajen
2281
Außer Raschötz
3025
Puez-
Geislerspitzen
Puez-Sp. 2915
Pedratsches
St. Leonhard
Prags
2172
Alta Badia
Barbian
Waidbruck
Trostburg
St. Ulrich
Grödnertal
St. Jakob
St. Cristina
Geisler
La Villa
Badia
St. Kassian
3055
Flaas
Saubach
Kastelruth
Wolkenstein
Colfosco
Corvara
Moritzino
Piz La Ila 2077
Cortina d'Ampezzo
Afing
Wangen
Erdpyramiden
Sarner Schlucht
Ritten
Lengmoos
Seis am Schlern
Gostner Schwaige
Comici-Hütte
Langkofel 3179
Kreuzboden
Grödnerjoch
2121
Sellagruppe
Pralongia 2139
Jenesien
Oberbozen
Klobenstein
Bad Ratzes
Seiser Alm
Natur-park
Schlern 2563
Plattkofel 2969
2240 Sellajoch
Pordoispitze 2950
3152 Piz Boè
P. di Campolongo 1875
P. di Falzarego 2117
Col di Lana 2452
Runkelstein
Unterinn
Völs am Schlern
Schloss Prösels
Pordoijoch
Arabba
Gries
St. Justina
Blumau
Kardaun
Weißlahnbad
Schlern
Tiersertal
Kohlern
Steinegg
St. Zyprian
Rosengarten
Nigerpass 1688
Mazzin
Canazei
Avisio
Dolomiti
Sigmundskron
BOZEN
St. Jakob
Eggental
Wölfl
Birchabruck
Welschnofen
Dolomitenstraße
Vigo di Fassa
3343 Marmolada
Selva di Cadore
Palue
Veneto
Alleghe
Leifers
Branzoll
Deutschnofen
Karersee
Fassatal
Vallàccia 2637
Petersberg
Obereggen
2842 Latemar
Moena
Ronchi
P. di S. Pellegrino 1919
M. Civetta 3218
Maria Weißenstein
Rauth
Aldein
Bletterbachschlucht 1989
1805 Lavazè-joch
Viezzena 2491
Cencenighe Agordino
Auer
Radein
Montan
Truden
Kaltenbrunn
S. Lugano
Parco
Gares
Cordevole
Bellamonte
Predazzo
P. di Rolle 1970
Naturale
Agordo
Trudner Horn 1781
Naturpark
Cavalese
Altrei
Fleimstal
Catena dei Lagorai
San Martino di Castrozza
Trentino
Casatta
Paneveggio-
Pale di Martino
Sover
5
6
7
A22
12
44
49
48
50
241
242
243
244
508
621
51

MERIAN | FILM

Spot auf diese Berge!

Südtirols Kulisse hat schon die unterschiedlichsten Stars begeistert – und manchmal an die Wand gespielt

Sie war eine der Ersten, die hier drehten: **Das blaue Licht** von und mit Leni Riefenstahl kam 1932 in die Filmtheater, gefolgt von Luis Trenkers **Der verlorene Sohn** (1933/34). England und die USA zogen nach. 1967 erschien **Tanz der Vampire** von und mit Roman Polanski, 1993 dann **Cliffhanger** von Renny Harlin mit Sylvester Stallone. Jüngere deutsche Produktionen sind **Nanga Parbat** (2010) von Joseph Vilsmaier mit Florian Stetter und die Biografie **Messner** (2012) von Andreas Nickel, bei der zwei Söhne des Extrembergsteigers den jungen Messner und seinen Bruder Günther spielen. Til Schweiger filmte in Südtirol Teile seines Demenz-Dramas **Honig im Kopf** (2014) mit Dieter Hallervorden. Und seit 2015 ermittelt die **Kripo Bozen** mit Chiara Schoras in der ARD.

REISEFÜHRER

MERIAN momente: Südtirol

Sonja Still, Travel House Media 2015, 192 S., 14,99 € Ein Buch voller Ideen, wie man Südtirol erleben und genießen kann – zu jeder Jahreszeit, in den Städten oder weit oben in der Abgeschiedenheit. Mit vielen Tipps von Südtirolern und einer Faltkarte zum Herausnehmen.

MERIAN live! Südtirol

Friederike Kaiser, Travel House Media 2011, 128 S., 9,99 € Kompakt, praktisch, gut: viele Tipps zum Besichtigen, Übernachten, Essen und Einkaufen – dazu Stadtpläne und eine große Karte.

Ausflugsgasthöfe in Südtirol

Oswald Stimpfl, Folio 2015, 144 S., 12,90 € Ein Leitfaden zum Wandern und Schlemmen. Der Autor, der Südtirol wie kaum ein anderer kennt, stellt gute Gasthöfe in attraktiver Lage vor – und Wanderungen, um sich die Mahlzeit zu verdienen.

Baedeker Südtirol

Dagmar Kluthe, Wieland Höhne u.a., Mair Dumont 2013, 374 S., 19,99 € Der Klassiker. Das Buch ist sehr informativ und deckt fast alles ab: Kultur- und Natursehenswürdigkeiten, Hotel- und Restauranttipps und viel Lesestoff zum besseren Verständnis der Region und ihrer Eigenheiten.

Südtirol. Ein kurioser Reiseführer

Brunamaria Dal Lago Veneri, Edition Raetia 2014, 288 S., 19,90 € Weniger bekannte Episoden der Südtiroler Geschichte, Sagen von Hexen und Rittern sowie Anekdoten wie die von den Steinen auf dem Roten Platz in Moskau, die – vielleicht – aus Branzoll stammen. Dazu gut ausgewählte Ausflugstipps.

SACHBÜCHER

Total alles über Südtirol, Pocket Edition

Hermann Gummerer, Franziska Hack, Folio 2014, 48 S., 8,50 € Total alles, was irgendwie in Infografiken passt: Melkrekorde, Kirchturmhöhen, Namen für Buben, Mädchen und Kühe, Berufe, Fortbewegungsarten im Gebirge, Apfelsorten und vieles mehr.

Mein Südtirol. Ein buntes Sachbuch für die ganze Familie

Evi Gasser, Kathrin Gschleier, A. Weger 2014, 109 S., 22,50 € Ein Buch voller Informationen, Anekdoten und witziger Zeichnungen. Von Kunstgeschichte über den Tiroler Freiheitskampf bis zur Flora, Fauna und Geologie der Berge wird alles erklärt, was Kinder über Südtirol fragen könnten.

DAS NÄCHSTE MERIAN IM HANDEL AB 23. APRIL 2015

Ihre Majestät, die Ewige Stadt: das knapp 2000 Jahre alte Kolosseum hinter dem Forum

Backkunst: Pizzen für Gourmets gibt's im »La Gatta Mangiona«

Baukunst: das Museum MAXXI, entworfen von Zaha Hadid

Rom

Zu Fuß zu Gott Pilgern zum Petersdom und zu sechs prachtvollen Kirchen
Ab in die Antike Von Shopping bis Nachtleben: Alltag vor 2000 Jahren
Testaccio Das quirlige Viertel um den ehemaligen Schlachthof
Gaumenfreuden Kochen mit Herz und Lunge: römische Delikatessen
Neue Entwürfe Wo sich die Stadt ganz modern fühlen darf

Haben Sie eine MERIAN-Ausgabe verpasst?
Bestellservice: Tel. (040) 2717-1110
E-Mail: sonderversand@jalag.de
oder online bestellen unter
www.merian.de
oder www.einzelheftbestellung.de
Abo bestellen:
Tel. (040) 21031371
E-Mail: leserservice-jalag@dpv.de
oder online unter
shop.jalag.de

Zuletzt erschienen:

November 2014

Dezember 2014

Januar 2015

Februar 2015

März 2015

In Vorbereitung:
Mallorca
Sylt
Katalonien